Theodor von Leublfing

Wanderungen im westlichen Russland

La Russie est le pays de l'avenir

saxoniabuch

Theodor von Leublfing

Wanderungen im westlichen Russland

La Russie est le pays de l'avenir

ISBN/EAN: 9783957706195

Auflage: 1

Erscheinungsjahr: 2019

Erscheinungsort: Dresden, Deutschland

WANDERUNGEN

IM WESTLICHEN

RUSSLAND.

La Russie est le pays de l'avenir.

VON

THEODOR GRAFEN VON LEUBLFING.

LEIPZIG.

VERLAG VON DUNCKER & HUMBLOT.

1875.

WANDERUNGEN

IM WESTLICHEN

RUSSLAND.

Vorwort.

Die im ersten Trimester des laufenden Jahres im „Auslande“ (J. G. Cotta'sche Verlagshandlung zu Stuttgart) veröffentlichten Aufsätze „Aus dem Zarenreiche“ haben sich einer so günstigen Aufnahme zu erfreuen gehabt, dass es nicht unangemessen erscheint, dieselben in erweiterter Form einem grösseren Leserkreise zugänglich zu machen.

Nachdem dem vorliegenden Buche ausschliesslich die persönlichen Wahrnehmungen während einer Reise von wenigen Wochen zu Grunde gelegt sind, wollte selbstredend auch nur die einzige Absicht im Auge behalten werden, die „wirkliche Gegenwart“, wie sie namentlich das Leben der beiden Hauptstädte abspiegelt, offen darzulegen, zugleich vielseitigen irrigen Anschauungen, welche sich in veralteten Traditionen unberechtigt forterben, zu begegnen.

Wenn auch im Eingange den deutsch-russischen Reiserouten und praktischen Winken bezüglich der Orientirung u. s. w. einige Aufmerksamkeit zugewendet wurde, so wolle daraus nicht gefolgert werden, es sei im entferntesten die Abfassung eines Führers oder Reisehandbuches beabsichtigt gewesen. Zu einem solchen fehlte, neben dem unumgänglich nöthigen reichen Material, vor Allem der Wille des Verfassers. Wer ein solches, an das die Anforderung einer systematischen Vollständigkeit gestellt wird, erwartet, wird sich getäuscht sehen. Was jedoch nicht abgesprochen werden kann, ist der Vorzug, dass die Schilderungen sich auf erst „jüngst Gesehenes und Erlebtes“ gründen, mithin die rasch verrinnenden Jahre zwischen „Damals“ und „Heute“ noch keine merkbare Kluft zu reissen, im Stande waren.

Trotz ihrer Regeln für die Beurtheilung des Schönen, hat die Aesthetik nicht vermocht, dieselbe Empfindung im einzelnen Individuum gleichmässig festzustellen. — Dass sich die Strahlen auf jeder Netzhaut des menschlichen Auges anders brechen und andere Bilder hervorrufen, ist ebenso unbestritten. Aus diesen Gründen herrscht im Reiche der subjectiven Anschauungen die Freiheit im weitesten Sinne und kann die persönliche Auffassung des Einzelnen nicht unbedingt zur Richtschnur des Andern dienen.

Die Länder des Nordens sind überhaupt in vielseitigen Beziehungen anders geartet, als jene des Westens und noch mehr des Südens. Der Hauch der Romantik hat sie weniger angeweht. Die fast zweitausendjährige Ruine der Arena, der Wasserleitung, des Tempels aus der Römerzeit, sucht man dort vergebens.

In seinen endlosen, an Ausdehnung den Meerflächen ähnlichen Seen spiegeln sich keine epheuumwachsenen Ritterburgen, keine zehntausend Fuss hohen Alpenketten, deren felsige Zacken das Nordlicht erglühen lässt. An ihren Ufern strotzt nicht der

Oel- und Mandelbaum, von der Last reicher Früchte zu Boden gedrückt!

Was wir im Norden finden, das hat der Bewohner mit harter Arbeit dem Boden, dem Klima, ja oft dem Meere — mühsam abgerungen. Die parteiische Natur hat dem Süden so reich gegeben, dass für ihn nur wenig übrig zu bleiben schien.

Desto mehr zwingen uns die Werke jener Völker Bewunderung ab, welche im fortgesetzten Kampfe mit der Natur, in dem verhältnissmässig kurzen Zeitraume von fünf Generationen, sich auf eine solche Stufe, wie sie die Gegenwart zeigt, zu schwingen vermochten!

Augsburg, im April 1875.

Der Verfasser.

Inhalt.

I.

Reise-Routen. — Orientirung. — Excursionen auf geographisch-statistischem Gebiete. — Die Eintheilung des europäischen Russlands. — Dessen Zonen und klimatische Verhältnisse. — Wald. — Getreidebau. — Thierwelt. — Die Bevölkerung nach Nationalitäten und Dichtigkeit. — Fabrikwesen. — Eisenbahnnetz. — Von der Weichsel zur Newa.

Wenn auch — wie ein altes Sprüchwort meint — alle Wege nach Rom führen, so lässt sich Gleiches nicht von Petersburg sagen. Zur Zeit beschränkt sich vielmehr die Wahl für den deutschen Reisenden auf zwei Gelegenheiten zur See und ebensoviele Eingangsstationen mittelst der Eisenbahnen.

Unter den ersteren würden wir unbedingt der Fahrt über Stockholm, von hier mittelst des Dampfers, — die Alandsinseln passirend — nach Helsingfors, den Vorzug einräumen. Die reichen Landstriche der Ditmarsen mit ihren fetten Marschgegenden, die historischen Punkte der Unabhängigkeitskämpfe um die oftgenannten Herzogthümer, liegen uns am Wege, wenn wir auch unter ihnen beim Vorbeifahren umsonst das Dannevirke suchen, dessen letzte Spuren vom Erdboden vertilgt sind. Wem nicht die Tage allzu knapp zugemessen sind, so dass er die neue Dampferlinie Frederikshaven-Götheborg zu nehmen gezwungen ist, wird es nicht versäumen, die prächtige Königs- und Seestadt Kopenhagen zu einem, wenn auch kurzen Aufenthalte zu wählen. Frohsinn und Lebenslust pulsirt hier allerwärts, die schweren Schläge, welche den Dannebrog in einer Reihe von Jahren getroffen, haben den frischen Muth des kleinen, aber zähen Inselvolkes nicht zu trüben vermocht, so enge auch die Grenzen des jetzigen Königreiches rings gezogen sind. Die Ueberfahrt von hier zur schwedischen Küste währt nur eine und eine halbe Stunde, um im Hafenorte Malmö zu landen, bekannt durch den nach ihm benannten Friedensschluss, wie als Sterbeort des jüngst verlebten Königs Karl XV., welcher todtkrank sich vom Auslande noch hierher schleppte, um auf heimathlichem Boden seine Seele auszuhauchen!

Der Besuch des südlichen Schwedens mit seinen dunkeln Wäldern, üppig grünen Wiesen, träumerisch einsamen Seen, seiner naiven treuherzigen Bevölkerung, ist eben so dankbar, als der Anblick des reizend dem blauen Meere entsteigenden Stockholms, welcher sicherlich auch eine gespannte Erwartung übertrifft. Von Helsingfors an der finnischen Küste bringt alsdann die Bahn über Riihimaki in etwa elf Stunden, Wiborg berührend — nach Petersburg, wobei dem Freunde von Naturschönheiten Gelegenheit gegeben ist, mittelst des kleinen Opfers einer mehrstündigen Reise-Unterbrechung den bekannten Wasserreichthum Finnlands in einem seiner schönsten Objekte, dem von der Bahn nicht allzuweit abliegenden Imatra-Falle, zu bewundern. Wer Mügge's höchst spannenden Roman „Erich Randal“, — somit die reizenden Naturschilderungen der finnischen Gegenden um den Pajäne-See gelesen hat, kann es sich nicht zusammenreimen, wie der Eingeborene sie in der ihm noch eigenthümlichen Sprache Suomen-Sari (Sumpf- und Inselland) nennen mag, während sie in ihrer Art doch mit dem verwandten Hügel- und Waldlande Schwedens — dem grossen Weltverkehre noch ferne liegend, — an Anmuth rivalisiren sollen.

Die eben angegebene Route nach Petersburg über Stockholm hat den Vorzug der häufigeren Abwechslung in der Reiseart für sich, und bietet zweifelsohne (die Strecke auf finnischem Boden können wir zwar aus persönlicher Anschauung nicht beurtheilen) eine höchst mannichfaltige Reihenfolge nordischer Landschaften.

Eine zweite, vor Herstellung der Bahn Königsberg-Petersburg wohl am meisten benützte Reise-Gelegenheit, ist der Dampfer von Lübeck oder Stettin nach Riga und Baltischport, von welch' letzterem Küstenplatze die Bahn längs der südlichen Ufer des finnischen Meerbusens in etwa zehn Stunden über Reval und Gatschina nach Petersburg führt. Während die Ueberfahrt von Stockholm nach Helsingfors eine schon verhältnissmässig lange genannt werden kann, da sie oft bis siebzig Zeitstunden in Anspruch nimmt, ist die Seefahrt auf der letzteren Route eine noch bedeutendere, und geniesst das Baltische Meer bezüglich der Stürme nicht des besten Rufes, so dass der Deutsche unter allen Umständen dem Landwege den Vorzug einzuräumen, nicht lange im Zweifel sein wird.

Auf letzterem stehen uns — vom deutschen Gebiete aus — zwei Eisenbahnlinien offen. Von diesen ist die südliche, Breslau-Oels-Warschau, erst bis Wartenberg an der russischen (polnischen) Grenze in Betrieb gesetzt. Nach ihrer Vollendung und durchgehender Inbetriebsetzung bis Warschau, bietet sie für den Mitteldeutschen, namentlich den Sachsen und Schlesier, den gradesten Weg über Bialystock nach Wilna. Solange jedoch diese Bahn auf der immerhin bedeutenden Strecke Wartenberg bis Warschau unterbrochen ist, concentrirt sich fast der ganze deutschrussische Personen-Verkehr auf der nördlichen Route Königsberg-Wirballen-Wilna, von wo aus die Züge beider Richtungen vereinigt, über Dünaburg die Hauptstadt Petersburg erreichen.

Wie für jede grössere Reise sich eine entsprechende Vorbereitung empfiehlt, möchte eine solche in Bezug auf Russland umsomehr angezeigt sein, als eine zweckmässige Eintheilung von Zeit und Weg eine gewisse Kenntniss der Verkehrsmittel vorausbedingt. In Ländern, welche vorzugsweise ihre Züge für Vergnügungsreisende regeln, und deren spezielles Interesse berücksichtigen, wie z. B. die Schweiz und Oberitalien, ist ein versäumter Zug keine Unannehmlichkeit von erheblicher Tragweite. Die nächsten Stunden lassen die verlorne Zeit wieder einholen, auch die kleineren Stationsorte gewähren eine entsprechende Unterkunft.

Anders jedoch gestaltet sich ein derartiges Versäumniss oder eine irrige Supposition in den dünn bevölkerten Gegenden des Nordens, wo wenige Züge — auf manchen Strecken nur zwei in vierundzwanzig Stunden — verkehren, und die von der Bahn meist weit abliegenden kleineren Städte auf den unvorhergesehenen Besuch Fremder schwerlich eingerichtet sind.

Das Coursbuch — (von welchem selbstverständlich stets die neueste Monats-Nummer zur Hand zu nehmen ist) — bietet für den Reiseentwurf, die Abfahrtszeiten und Ankunftsstunden einen sicheren Anhalt. Es ist in Wirklichkeit zum unabweisbaren Bedürfnisse geworden.

Die Literatur, welche dem nach dem westlichen Russland reisenden Deutschen zur vorhergehenden Orientirung sich bietet, ist zur Zeit keine reichhaltige. Es bedarf immerhin einigen Fleisses, um zu diesem Zwecke geeignetes Material zu sammeln; in den meisten derartigen Quellen wird der Schwerpunkt auf die politische Stellung des russischen Reiches gegenüber dem übrigen Europa gelegt, — Constellationen, welche höchst veränderlicher Natur, — zugleich für den Touristen fast gänzlich werthlos erscheinen. Der Hauptgrund liegt zweifelsohne in der geringen Aufmerksamkeit, welche früher dem Norden von Seite der Reisenden überhaupt zu Theil wurde. Erst die letzten Dezennien haben z. B. die Fjords Norwegens und die inneren Provinzen Schwedens für würdig gehalten, den Blick des Reisepublikums auch dorthin zu richten, während die Aufmerksamkeit desselben vordem ausschliesslich auf das unendlich oft beschriebene Italien und südliche Frankreich, die Schweiz und österreichischen Alpenländer gezogen wurde.

Vor dem Besuche grösserer Städte ist ein eingehendes Studium des Stadtplanes vom weittragendsten Nutzen, und sollte man stets trachten, einen solchen sich zu verschaffen. Für den berührten Zweck lohnt sich keine Mühe reichlicher, als diese; das angenehme Gefühl einer gewissen Sicherheit umfängt uns, die Selbständigkeit gewinnt, während man ohne jegliches Verständniss für Orientirung und Entfernung sonst ausschliesslich in die Hände des Lohnbedienten und Fiakers gegeben ist. Im letzteren Falle darf man immer auf Zeitverluste und nicht selten auch auf Uebervortheilungen gefasst sein, zumal wo man der Sprache nicht mächtig ist. Nicht Jeder kann die Annehmlichkeit sein eigen nennen, in Petersburg wie Moskau freundliche Bekannte zu finden, welche mit unermüdlicher Aufopferung Tag für Tag ihre Lokalkenntniss zu unserm Besten verwerthen, — wie wir es zu treffen das Glück hatten.

Die Emancipation von Lohnbedienten und Fiakern halten wir wenigstens bis zu dem Grade für nothwendig, dass dem Fremden noch so viel Selbständigkeit übrig bleibt, über die Eintheilung seiner Zeit und die Wahl des ihn speziell Sehenswerthen sich die eigene Verfügung zu bewahren. Die Erfahrung lehrt, dass die Lohnführer oft Gebäude, Etablissements, Sammlungen u. A. als äusserst sehenswerth bezeichnen, welche weder den gemachten Weg, noch die aufgewendete Zeit lohnen, — nicht minder, dass die Droschkenführer in die Augen fallende Umwege einschlagen, um eine höhere Fahrzeit berechnen und grössere Preise motiviren zu können. Alles dieses geschieht vornehmlich nur da, wo der durch lange Uebung geschärfte Blick, einen gänzlich unkundigen Fremden vor sich zu haben, gewiss ist. Durch eine vorhergegangene Orientirung auf dem Stadtplane werden derartige Versuche, wenn auch nicht unmöglich, doch jedenfalls seltener gemacht.

Wenn wir den Plan von Petersburg vor uns ausgebreitet haben, drängt sich die Ueberzeugung auf, dass ein Zurechtfinden, trotz der Weitläuftigkeit der Stadt, keine absonderlichen Schwierigkeiten haben könne, sofern man sich überhaupt einige Orientirungsgabe zuschreiben darf. Indessen wird man zu weiten

Gängen nicht leicht veranlasst sein, sondern schon aus Rücksicht der Zeitersparniss sich zur Benützung der unzähligen Fahrgelegenheiten bald angewiesen sehen.

In den Hauptzügen lässt sich Petersburg topographisch etwa wie folgt, schildern: Es liegt vollkommen eben zu beiden Seiten der Newa, acht Meilen von deren Ausfluss aus dem Ladogasee (wo die Festung Schlüsselburg), — höchstens eine halbe Meile vom Einflusse des Newastromes in den Finnischen Meerbusen.

Die drei, auf dem rechtsseitigen Ufer desselben gelegenen Stadttheile werden durch Arme der Newa getrennt. So scheidet die grosse Newa die Wiborger Seite von der Petersburger Seite, die kleine Newa diese letztere von Wassili-Ostrow.

Der auf dem linken Ufer des Hauptstromes situirte Hauptcomplex heisst die grosse oder Admiralitätsseite, und ist durch drei bedeutende Canäle, die Moika, den Katharinen-Kanal und die Fontanka, welche als concentrische Kreise die drei Admiralitätsstadttheile abgrenzen, durchschnitten.

Nicht minder dient uns die heilige Zahl „drei“ wieder zur Orientirung mittelst der als Radien vom weit sichtbaren, hohen Admiralitätsthurme auslaufenden Hauptstrassen, hier Prospekte genannt.

Die mittlere dieser drei prächtigen, breiten, schnurgraden Strassenzeilen ist die „Erbsenstrasse“ (Gorochowaja-Ulitza), — jene links der „Newsky-Prospekt“, endlich die rechts abgehende die „Auferstehungs-Perspektive“ (Wosnesenskoi-Prospekt). Nachdem jeder dieser drei Prospekte einmal von jedem der drei Canäle durchschnitten wird, so hat man sich nur zu merken, dass man mit jedem Ueberschreiten einer Canalbrücke sich mehr von der Newa entfernt, sowie, dass man andrerseits die in ihrer eigenthümlichen Form mit keiner andern zu verwechselnde goldene Spitze des Admiralitätsthurmes in das Auge zu fassen habe, um wieder die Richtung gegen die Newa zu gewinnen.

Wassili-Ostrow, hauptsächlich der Wohnsitz der grossen Kaufmannschaft, ist gleich Mannheim rechtwinkelig in's Netz gelegt, und sind die Strassen mit Nummern und Buchstaben bezeichnet.

In Moskau bietet der die ganze Stadt dominirende Kremel — als Mittelpunkt — den besten Anhalt zur Orientirung. Dessen höchster Thurm, der grosse Iwan, gleich dem Campanile des Markusplatzes zu Venedig allein stehend, ragt mit seinem vergoldeten Dache hoch empor, und ist, wenn auch nicht überall, doch von vielen Punkten der Boulevards, dann den meisten, von der Peripherie gegen das Centrum Moskau's führenden, breiten Strassen sichtbar.

Möge nun eine, an unsere Episode über Orientirung sich knüpfende, kurze Excursion auf das geographisch-statistische Gebiet, als nicht ungeeignet gefunden werden. Es ist bekannt, dass die unter dem Scepter des Zaren vereinigten Gebiete sich, wie kein zweites Reich der Erde, über drei Welttheile erstreckten, bis im Jahre 1867 das russische Nordamerika, wohl für die Krone als ziemlich werthlos erachtet, aus freien Stücken abgetreten wurde. Immerhin umfasst Russland noch den siebenten Theil der ganzen Erdoberfläche.

Von diesem entfallen indessen nur etwa hunderttausend Quadrat-Meilen auf das europäische Russland, — das ganze östliche Europa zwischen der deutsch-österreichisch-rumänischen Grenze und dem Ural-Gebirge, dann vom nördlichen Polarmeere zum Schwarzen

Meere in sich fassend. (Wir beschränken uns auf runde Summen, wie sie zum Ueberblicke des Touristen genügen, obgleich die statistischen Tabellen auch für genauere Zifferangaben auf Grund der Landesvermessungen, — Material zur Disposition stellen würden.)

Die Eintheilung des europäischen Russlands, einschliesslich der Ostseeprovinzen, aber ohne Zurechnung des vormaligen Königreiches Polen und des selbstständigen Grossfürstenthums Finnland, — hatte 1867 neunundfünfzig Gouvernements und Gebiete aufzuzeichnen. Im Jahre 1872 fügen die „statistischen Mittheilungen aus Russland" in ihrer Tabelle über das Areal und die Bevölkerung des europäischen Russlands, noch ein Polnisches Gouvernement hinzu, welches an Stelle des früher getrennt verwalteten Gebietes dieses Namens gesetzt worden.

Für unseren Reisezweck, die beiden Hauptstädte des Kaiserreiches zu besuchen, fassen wir nur jene Provinzen in's Auge, welche wir zu berühren haben. Es sind die Gouvernements Petersburg, vom eigentlichen Grossrussland jene von Pskow, Smolensk, Nowgorod, Twer und Moskau; — von Westrussland jene von Kowno, Witebsk, Grodno, Minsk und Wilna, endlich jenes von Warschau.

Mit Ausnahme der Gouvernements Moskau und Warschau gehören alle ebengenannten in landwirthschaftlicher Beziehung unter die am wenigst produktiven der europäischen Gebiete Russlands. Während der Süden, die Gegenden an der Wolga und ihren Nebenflüssen, die Provinzen Kleinrusslands mit der Ukraine u. s. w., durch ihre grossartigen Getreide-Exporte bekannt, und neben den minder reichlich bedachten nördlichen Gouvernements des Inlandes auch noch das Ausland zu versorgen im Stande sind, beschränkt sich in den Gebieten, welche wir persönlich kennen lernen, das Erträgniss kaum auf den eigenen Bedarf. Der Wald herrscht allenthalben vor, die Bevölkerung ist in Folge dessen dünn und die Ausbeutung des Bodens eine sehr unvollständige. Das Gouvernement Minsk z. B. gehört unter die am geringsten mit Einwohnern bedachten, und nimmt unter den angrenzenden, wie Kowno, Grodno, Witebsk, einen auffallend niedrigen Rang ein.

Aber auch der Wald an sich, dieser Hauptreichthum der Gouvernements Mittelrusslands, ändert sich bemerklich unter den verschiedenen Breitengraden, welche bei einer Angabe über ein Reich von der Ausdehnung des Russischen, stets in Betracht gezogen werden müssen.

Zum Zwecke eines allgemeinen Anhaltspunktes für die Verwaltungsbehörden wurde im Jahre 1784 ein Ukas der Kaiserin Katharina II. publicirt, welcher für das europäische Russland vier klimatische Zonen festsetzt, — durch welche Verfügung eine Menge von administrativen Arbeiten leichter übersichtlich gemacht werden:

1. Der arktische oder Polar-Landstrich, im Norden des Polarkreises.
2. Der nördliche oder kalte Landstrich vom Polarmeer bis zum 57. Breitengrade.

   (In diese Zone fallen die Gouvernements Pskow, Petersburg und Nowgorod.)
3. Der mittlere oder gemässigte Landstrich vom 57. bis zum 50. Breitengrade.

   (In diese Zone treffen die Gouvernements Twer

Moskau, Smolensk, Kowno, Witebsk, Grodno, Minsk, Wilna und Warschau.)

4. Der südliche oder warme Landstrich vom 50. Breitengrade bis zum Schwarzen und Kaspischen Meere.

Es ressortiren mithin nur der nördliche und mittlere, oder der kalte und gemässigte Landstrich zu unserem Reisegebiete.

Der Wald des europäischen Russlands charakterisirt sich nach den einzelnen Zonen, etwa wie folgt:

In der ersten, der arktischen, Zone fehlt der Wald gänzlich; sie gestattet keiner einzigen Baumart eine vollständige Entwickelung, die wenigen vorkommenden Exemplare sind krüppelhaft, und gewissermassen zum Gesträuche verkümmert.

Die zweite, die nördliche, Zone ist reich an Nadelholz- und Birkenwäldern, vorzugsweise der letztgenannte Baum fühlt sich hier heimisch, und drängt sich als der eigentlich dem Norden vorzugsweise angehörende vor. Die Wälder dieser Region liefern den starken Bedarf für den Bau von See- und Flussschiffen, aus ihnen zieht der Betrieb der Hütte und des Bergwerks sein Brennmaterial.

Die dritte, oder gemässigte, Zone bietet uns überreichlich Gelegenheit, ihre Nadel- und Laubwaldungen, in welchen häufig die Linde als charakteristischer Baum des mittleren Russlands auftritt, in Augenschein zu nehmen.

Die vierte, oder südliche, Zone entbehrt dafür des Waldes gänzlich, gleich dem hohen Norden, und überlässt ihre weiten Gebiete, entweder wo culturfähig, einem lohnenden Getreideanbau, — wo nicht, — der baumlosen Steppe.

Kein einziges Land Europa's wird von den Ausländern, — auch den deutschen — mit so wenig Kenntniss der klimatischen Verhältnisse beurtheilt, als grade Russland. Im Allgemeinen herrscht eben nur die Ansicht vor, dass es fortwährend kalt sei, und die Bemerkung, dass dieses allerdings auf den Winter im vollen Maasse anwendbar sei, wird häufig mit ungläubigem Achselzucken entgegengenommen. Dass die Temperatur-Verhältnisse eines Reiches, welches sich von Süden nach Norden auf fast vierzig Breitegrade ausdehnt, alle klimatischen Nüancirungen von dem Klima Südtyrols und der lombardischen Tiefebene, bis zum unzugänglichen Eisfelde des Polarkreises, wo das Quecksilber monatelang im gefrornen Zustande hämmerbar bleibt, aufzeigt, wird *brevi manu* ignorirt. Es ist ja viel bequemer, Alles in einen Topf zu werfen.

Richten wir nun noch einen flüchtigen Blick auf die in den vier Zonen differirenden Erträgnisse des Ackerbaues, so finden wir, dass sich die ganze Bodenproduktion der arktischen Zone auf Moose, Flechten und Beeren beschränkt, ohne dass sich durch Cultivirung das Land etwas aufzwingen liesse.

In der nördlichen beginnt der Anbau von Getreide, von Gerste, Hafer und Roggen, in den höher gelegenen Gebieten spärlich, in den der dritten Zone sich nähernden, schon reichlicher. Auch Kartoffel- und Flachsbau findet Beachtung.

Die dritte Zone ist das vornehmste Gebiet des Ackerbaues, zu den Erzeugnissen des vorher genannten tritt noch der Weizen und Hanf.

Die südliche oder vierte Zone bringt alle europäischen Frucht- und Getreide-Arten zur Reife, dazu Mais, Melonen, Wein und Südfrüchte.

Auch die Thierwelt tritt in jeder der vier Zonen Russlands in andern Arten auf. In der ersten ist sie nur in wenigen Gattungen vertreten, im Hunde, Rennthiere, Eisbären, Polarfuchse und anderem Pelzwilde, dann dem Robben, der Eidergans, Strandvögeln und Fischen.

Die zweite, reich an Raubwild, -- Bären, Wölfen, Füchsen und Luchsen, lässt nicht minder auch Edelwild heimisch werden, und führt den Hirsch, das Reh, den Damhirsch und das wilde Schwein auf. Die Zucht der Hausthiere nimmt gleichfalls zu.

Der dritten ist vorzugsweise der Wolf, ebenso zwei sonst nicht mehr vorkommende Thiergattungen eigen, nämlich der Auerochs und das Elennthier. Vieh- und Pferdezucht, vorzugsweise die letztere, werden mit Fleiss gehandhabt, nicht minder der Bienenzucht besondere Aufmerksamkeit geschenkt.

Die Landstriche der südlichen Zone, zum Theile von nomadisirenden Völkern bewohnt, betreiben die diesen mit Vorliebe eigene Viehzucht, und haben in einzelnen Gegenden als spezielle Zugabe das Kameel.

In Hinsicht auf Nationalitäten ist kein Reich der Erde von so verschiedenen Völkerschaften bewohnt, als Russland, das unter seinen Bevölkerungs - Elementen mehr als hundert geschiedene Stämme zählt; in seinen Grenzen werden vierzig Sprachen gesprochen. Wir kommen jedoch in den uns interessirenden dreizehn Gouvernements nur mit dem allerkleinsten Theile dieser Völker in Berührung.

Die Bewohner der westlichen Gouvernements sind Abkömmlinge polnischen Ursprungs, untermischt mit Letten und Kleinrussen, — jene der Gouvernements des Inneren dagegen echte Grossrussen, — Angehörige des zahlreichsten, mächtigsten und weitverbreitetsten aller Slavenstämme. Im Gouvernement Warschau ist die Hauptmasse der Bevölkerung polnisch, zum achten Theile mit Juden untermischt, welche letzte jedoch auch in den westlichen russischen Gouvernements stark vertreten sind.

Die Volksdichtigkeit ist eine sehr verschiedene. Indessen bietet eine Karte Russlands, welche im Farbentone die Dichtigkeit der Bevölkerung ausdrückt, immer noch nicht die Varianten, wie eine solche von Deutschland, wo die Durchschnittszahlen Württembergs, Rheinhessens und namentlich der Industriebezirk des Königreiches Sachsen gegen z. B. die Lüneburger Haide, auf die Quadratmeile eine vier- und fünfmal, im letzteren sogar siebenmal grössere Einwohnerzahl aufweisen.

Die in unser Reisegebiet einschlagenden Gouvernements rangiren sich wie folgt:

(1872)	Gouvernement	Warschau	3578	Einw.	auf die	□M.
		Moskau	2777		„	„
	„	Petersburg	1605	„	„	
	„	Kowno	1525	„	„	„
	„	Grodno	1362	„	„	„
		Wilna	1260	„	„	„
		Twer	1252		„	
		Smolensk	1147		„	„
		Witebsk	1020	„	„	
		Pskow	905		„	
	„	Minsk	684			
	„	Nowgorod	462	„ „	„	„

In diesen Bevölkerungs-Verhältnissen und ihren Consequenzen beruht unstreitig auch die gegen die deutsche Gewohnheit ganz veränderte Art des Reisens.

Eine häufige Unterbrechung der Tour, die Wahl einer am Wege liegenden kleinen Stadt zum kurzen Aufenthalte, ein Abstecher da- oder dorthin zum Besuch eines comfortablen Badeortes, ein Eintheilen weiter Strecken in kleinere Tagesabschnitte, ist in Russland nicht nur nicht angezeigt, sondern gradezu unthunlich. Die Reise gestaltet sich hier nicht zum Vergnügen an sich, sondern ist nur Mittel zum Zwecke. Möglichst viele Werste in der kürzesten Zeit zurückzulegen, ist der hervorragende Gedanke, welcher jeden Reisenden beseelt. Daher kommt es auch, dass auf den grossen Routen zwischen Wirballen und Petersburg, zwischen Moskau und Petersburg, Moskau und Warschau meistens sich für die ganze weite Fahrt durchgehende Passagiere finden, und die Einwohnerschaft eines Courierzug-Coupé's unterwegs fast gar nicht wechselt.

Wie in der Regel allerwärts, so besteht auch in Russland der weitaus grössere Theil der Reisenden aus Fabrikanten, Kaufleuten und deren Vermittlern. Die Schaffung einer selbständigen Fabrikthätigkeit im russischen Reiche war ein Lieblingsgedanke Peters des Grossen, welchem er jede nur thunliche Fürsorge widmete, und damit den Keim zu deren reger Entwicklung legte.

Die ersten derartigen Etablissements, durch den Zar in das Leben gerufen, waren Eigenthum der Krone. Man zählte bei seinem Ableben 1725 deren 21 von Bedeutung (diese im Regiebetriebe), 1801 war die Zahl der Fabriken Russlands schon auf 2270, — 1820 auf 3724, — 1828 auf mehr als 6000, — 1849 auf 9172 angewachsen (jetzt wahrscheinlich auf mehr als das Doppelte)!

Obgleich das russische Kaiserthum vornehmlich

reich an Metallen — auch den edelsten — ist (wir erinnern nur an den Gewinn des Platina), so treffen doch auf die nichteuropäischen Gebiete die hauptsächlichsten Ausbeuten, während andrerseits deren Verarbeitung zum grössten Theile dem europäischen Russland zufällt.

Im letzteren liefern Polen und Finnland Eisen, das Moskauer Bassin Steinkohlen, wenn auch weniger ausgiebig als die Bassins in den donischen und neurussischen Distrikten. Steinsalzlager finden sich im Gouvernement Orenburg, Salzseen in der Krim.

Die Hauptmetall-Industrie concentrirt sich in den östlichen Gouvernements, in ihr bildet jene von Messern und kurzen Handwaffen im Gebiete von Tula eine Spezialität. In Petersburg und Gatschina werden Spiegel- und Krystallwaaren, im letzteren Orte besonders Porzellan und Fayence verfertigt. Talg-, Thran-, Seife- und Leimsiederei ist eben so allgemein verbreitet, wie die Gewinnung von Oel und die Fabrikation von Talg-, Stearin- und Wachslichtern. Die Erzeugung von Runkelrüben-Zucker beschäftigte über 400 Etablissements, indessen soll dieser Zweig einen Rückgang erfahren haben. Colonial-Zucker wird besonders in Petersburg und Moskau raffinirt. An chemischen Fabriken steht Moskau oben an. Die Branntwein-Destillation geht in's Ungeheure, und warf an Steuern im Jahre 1866 nach offiziellen Angaben, in den 49 europäischen Gouvernements mit Einschluss des Gebietes der donischen Kosaken, die Summe von 100,675,740 Rubeln ab!

Bei dem ungezählten Holzreichthume Russlands ist der Handel mit dem Rohmaterial, dem zugerichteten Bau-, Brenn- und Werkholz selbstverständlich von der weitesten Ausdehnung, nicht minder jener, welcher sich mit den Nebennutzungen, als Theer, Pech und Lindenbastmatten befasst.

Hauptfabrikations-Zweige sind ferner die Verarbeitung der Baumwolle (Moskau allein hat 93 Fabriken dieser Branche), Wollenweberei, Tuchmanufaktur, ebenso die Verwandlung des Flachses und Hanfes, welcher viel gebaut wird, in Leinengespinnste, Taue und Segeltuch. Nicht minder beträchtlich ist die Zubereitung roher Schaffelle, des nothwendigsten Kleidungsstückes jedes gemeinen Russen, dessen Bedarf jährlich 14 Millionen Stück beträgt.

Bedeutend ist auch die russische Seidenfabrikation, deren Sitz hauptsächlich Moskau mit 22 Etablissements ist. Einen hervorragenden Rang unter allen Fabriken nimmt jedoch die weit verbreitete Lederproduktion ein, welche durch die grosse Menge von Roh- und Gerbestoffen, welche das Land bietet, begünstigt wird; die Fabrikation der Juchten (Juften), eine russische Spezialität, fällt vorzüglich den nördlichen und mittleren Gouvernements, jene von Saffian und Glanzleder den südlichen, endlich die Bearbeitung von Schaf-, Ziegen- und Rennthierfellen den diese erzeugenden Gebieten zu.

Als eines der grössten Etablissements auf russischem Gebiete, und in seiner Branche das bedeutendste auf dem Continent, wird die Baumwollspinnerei zu Narwa, per Bahn 147 Werste westlich von Petersburg, angegeben.

Das Eisenbahnnetz Russlands ist in einer erstaunlichen Zunahme begriffen. Im Jahre 1838 wurde die erste Bahn, nämlich Petersburg - Zarskoje - Sselo mit einer Länge von 25 Wersten in Betrieb gesetzt, während die Bahnlänge des ganzen Netzes Ende 1870 schon 10,531 Werste betrug.

(Die geographische Meile ist = 6,953, die deutsche Reichsmeile = 7,031, der Kilometer = 0,937 russischen Wersten.)

Mit Schluss des Jahres 1870 waren 5 Staatsbahnen und 40 Privatbahnen im Betrieb.

Indem wir uns auf diese allgemeinen Angaben beschränken, werden wir auf die uns zunächst betreffenden Bahnstrecken an Ort und Stelle zu sprechen kommen.

Einige Daten aus der Landesgeschichte dürften hier noch ihre Stelle finden. Dem Reisenden werden zwar auf dem Gebiete der westlichen Provinzen verhältnissmässig wenige sichtbare Anhaltspunkte in dieser Richtung vor das Auge treten; das graue Alterthum bleibt gänzlich ausgeschlossen, Moskau repräsentirt noch gewissermassen das Mittelalter, während Petersburg in vollstem Maasse das Gepräge der neuen Zeit trägt.

Eine der ältesten historischen Erinnerungen findet sich durch das grosse Gemälde im Winterpalaste verewigt, die 1862 stattgehabte Feier der „tausendjährigen Gründung Nowgorods“ (nicht zu verwechseln mit Nischnei-Nowgorod) als ersten Herrschersitzes des russischen Reiches. Rurik, der Fürst der Waräger, wird als dessen Schöpfer betrachtet; sein Nachfolger Olaf verlegte indessen die Residenz 882, mithin nach zwanzig Jahren, nach Kiew.

Im Jahre 1172 wurde Moskau durch Wladimir den Zweiten gegründet, und im ersten Jahrhundert seines Bestehens zur Hauptstadt des russischen Reiches erhoben. Als Erbauungsjahr des Kremls gilt das Jahr 1300.

Die Einführung des Christenthums fällt etwa mit der Mitte des zehnten Jahrhunderts zusammen, nachdem Olga, die Gemahlin des Grossfürsten Iwan von Nowgorod 957 in Constantinopel die Taufe empfangen hatte und durch byzantinische Baumeister die ersten christlichen Kirchen in Nowgorod erbauen liess. Die Trennung der russisch-griechischen Kirche vom Supremate des Papstes datirt aus dem eilften Jahrhunderte, und wurde unter dem Pontifikate Gregor des Siebenten — (1073 bis 1085) — in Vollzug gesetzt.

Das Glaubensbekenntniss derselben basirt auf den vom Conzil zu Jerusalem 1672 bestätigten Satzungen und wurde in unveränderter Reinheit bis heute festgehalten. Der Kaiser ist das höchste Oberhaupt in geistlichen Angelegenheiten. Die heilige Synode zu Petersburg (der oberste Kirchenrath für alle russischen Gebietstheile) wurde von Peter dem Grossen 1711 als eine permanente geistliche Behörde an die Stelle des aufgehobenen Moskauer Patriarchats gesetzt. Die höchsten kirchlichen Würdenträger sind die vier Metropolitane zu Petersburg, Moskau, Kiew und Kasan.

Für einzelne Einschaltungen aus der neuesten Geschichte Russlands, dem wichtigen Zeitalter Peters des Grossen (mit der Geschichte Petersburgs auf das innigste verwebt) wird sich bei dem Besuche dieser Residenzstadt vorübergehend reichliche Gelegenheit bieten.

Zu unserer Fahrt nach Petersburg wählten wir unter den oben erwähnten Routen die zur Zeit gewöhnlichste, nämlich jene von Berlin über Wirballen, als Reisezeit die Mitte Juni, und hatten keinen Anlass, es zu bereuen. Die langen Tage, der geringe Unterschied zwischen der Temperatur des Tages und der Nacht, die constante Witterung (welche 1874 vorzugsweise dem Sommer des Nordens eigen war), machen diesen Monat und den Juli besonders empfehlenswerth.

Den Wagenwechsel an der deutsch-russischen Grenze abgerechnet, ist der Berlin-Petersburger Courierzug ein durchgehender und möglichst beschleunigter, so dass wir in einer Nacht unvermerkt — wir wollen sagen, ohne vorherige Zählung der Meilen im Coursbuche, — Strecken zurücklegen, weit genug, dass wir des andern Morgens nicht ohne Erstaunen an dem veränderten Aussehen von Menschen und Wohnungen wahrnehmen, welcher erhebliche Weg zwischen Nieder- und Aufgang der Sonne hinter uns geblieben. Dieser Ueberzeugung wird aus eigener Erfahrung auch der Fahrgast huldigen müssen, welcher an einem schönen Sommer-Abende auf dem Berliner Ostbahnhofe verfrachtet wurde, und des andern Tages im Weichselgebiete sich seiner Existenz wieder bewusst wird.

Vor zwölf Stunden kaum bewunderten wir im Thiergarten der deutschen Kaiserstadt noch das Siegesdenkmal, vom Glanze der sinkenden Junisonne beschienen, in Mitte Tausender von eleganten Damen und Flaneurs, wie sie die Zelten-Allee und Charlottenburger Landstrasse an heiteren Abenden, zu Fuss und zu Wagen anzulocken weiss; heute sehen wir uns in der Morgenstunde auf dem Dirschauer Bahnhofe von einem Hundert polnischer Flossknechte umringt, welche in ungebleichten Leinenkitteln, die Füsse mit Bast und Stricken umwickelt, in zottigen Bärten und struppigten Haaren, auf dem Perron umherliegen, dem ohrenzerreissenden Gefiedel einiger elenden Geigen zuhören, und bei Schwarzbrod, rohen Zwiebeln und Branntwein bis zur Abfahrt des Zuges nach der Heimath sich die Zeit verkürzen. Eine trotz ihres fürchterlichen Aussehens und ihrer wuchtigen Prügel harmlose Bande, soferne sie nicht, wie im vergangenen Jahre behauptet wurde, in ihren leeren Mägen die Cholera einschleppt.

Umsonst suchen die Bahnhofs-Portiers die unsaubere Gesellschaft, welche überall im Wege, vor die Thüre zu setzen und Platz zu schaffen: sie stehen bald ab von der vergeblichen Mühe, an diese halbwilde Cameraderie noch ferner Worte zu verschwenden. Das bleibt auf dem Pflaster liegen und rührt sich nicht.

Die Reisenden betrachten mit Interesse, wohl auch mit getheilten Empfindungen diese Söhne des einst so stolzen Polenreiches, Mancher mag davon enttäuscht sein, wenn er sich in ihnen die Repräsentanten der Völker des Ostens zu sehen, einbildet. Wenn schon im Lande der Masuren und Cassuben solche Gäste einen Vorgeschmack geben, wie wird es erst aussehen jenseits vom Niemen und Dnijepr, an der Moskwa und den Quellen der Wolga?

Und doch wird er, wenn zurückgekehrt aus jenen Gegenden, die Erfahrung gemacht haben, dass diese wildaussehenden Slaven gutmüthige und ungefährliche Menschen sind, vielleicht nur in einer Beziehung gefährlich, soferne man mit ihnen in allzu nahe körperliche Berührung zu treten gezwungen wäre, was jedoch bei der jetzigen Art des Reisens, zumal auf den Hauptrouten, sich leicht ganz vermeiden lässt.

Die Nachtfahrt von Berlin nach Dirschau lässt uns keinen Verlust an reizvollen Ansichten bedauern.

Die Gegend ist monoton, niedrige Tannenwaldungen wechseln mit kleinen, dem Nordosten der Tiefebene des nördlichen Deutschlands eigenthümlichen Teichen und Seen. Bei der Festung Cüstrin überschreitet die Bahn die Oder, nachdem sich diese mit der Warthe vereinigt hat, und bleibt fortan im Gebiete dieses letzteren Flusses, einer fruchtbaren Niederung mit üppigen Weiden.

Ueber Landsberg wird der Knotenpunkt Kreuz erreicht, wo sich die preussische Ostbahn mit der Posen-Stettiner Bahn schneidet. In Schneidemühl gehen in neuerer Zeit die Züge auf die direkte Bahn nach Dirschau über, wodurch der frühere Umweg über Bromberg vermieden und die Fahrzeit um etwas abgekürzt wird.

In Dirschau, Stadt an der schon sehr bedeutenden Weichsel, in dem saubern Ziegelbau der norddeutschen (mecklenburgischen, pommerischen und altpreussischen) Städte aufgeführt, verspricht man einen viertelstündigen Aufenthalt. Bei dem Rufe des Schaffners: Danzig steigt hier aus! konnten wir der Versuchung, die altberühmte Handelsstadt der Ostsee flüchtig zu schauen, nicht widerstehen, und entschieden uns rasch, ein Billet dahin zu nehmen. Zudem hatten wir kurz vor unserer Abreise in einem Werkchen über das Weichsel-Delta, von Danzig als dem „nordischen Venedig“ gelesen, ebenso von einem Höhenzuge, welcher von Dirschau bis zur See, in seiner landschaftlichen Schönheit nur vergleichbar der berühmten Bergstrasse des Odenwaldes, das linke Weichselufer schmücke, Gründe genug, unsern raschen Entschluss zu unterstützen.

In einer Stunde lag auch die massige Marienkirche, weit über die Häusermasse Danzigs heraustretend, vor uns. Unstreitig ist Danzig eine der norddeutschen grösseren Städte, welche in ihrer äusseren Erscheinung das Gepräge einer bedeutenden Vergangenheit an sich tragen, wie solches auch in Lübeck vorzugsweise sich erhalten hat. Reichthum und solider Wohlstand tritt allenthalben zu Tage, und macht es leicht, sich in den Strassen, wie an den weiten Reihen von Lagerhäusern, um fünf Jahrhunderte in die Zeit der Hansa zurückzuversetzen, unter deren 85 Städten Danzig weitaus eine der bedeutendsten war. Wenn auch die Zeit vorüber, wo, wie damals geschehen, ein Bürgermeister Danzigs der Krone Dänemark den Krieg erklären konnte, so ist der Handelsverkehr daselbst nicht minder ausgedehnt als jemals, und von keinem Platze Europa's, mit Ausnahme von Odessa, findet ein so umfangreicher Getreide-Export statt.

Leider war es Sonntag, der unglücklichste Tag, an welchem man eine See- und Handelsstadt besuchen kann. An den Mottau-Canälen und auf der Speicherinsel herrschte tiefe Stille, somit blieb nur die Besteigung des sogenannten Bischofsberges vor dem hohen Thore übrig, von wo aus sich allerdings ein weiter Ueberblick über die alterthümliche Stadt, und die flachen Gelände jenseits der Weichsel bietet, ohne damit die vorher gelesene Schilderung der landschaftlichen Schönheit zu rechtfertigen.

Was jedoch nicht hinter der Erwartung zurückblieb, war Artushof und Memlings heiliger Michael, von welchem letzteren Lübke sagt, dass das Gemälde eine der ausführlichsten und gedankenvollsten Darstellungen enthalte, welche die Kunst des Nordens vom jüngsten Gerichte, dem Paradiese und der Hölle gegeben hat, — endlich die Marienkirche selbst, welche durch edle Einfachheit bei imposanten Dimensionen wirkt, ein mächtiger Backsteinbau gleich den ihr verwandten Marienkirchen in Lübeck und Stralsund. Im Artushof tritt uns (wenn auch von bescheidenen Dimensionen in der Fronte) eines der vorzüglichsten Bauwerke seiner Zeit (16. Jahrhundert) entgegen. Die Gewölbe ruhen auf schlanken Granitsäulen, deren Rippen wie Palmblätter nach allen Seiten sich schwingend, dem Gewölbe eine elegante Fächerform geben. Der Saal war der Versammlungsort der reichen Danziger Kaufherren und wird seit dem vorigen Jahrhundert als Börse benutzt.

Obgleich wir durch unsere Excursion einen Tag versäumt hatten, und auf den Courierzug des nächsten Morgens uns angewiesen sahen, durften wir es nicht bedauern, weil damit auch Zeit gewonnen war, die riesige Gitterbrücke über die Weichsel, welche das bei hohem Wasserstande über 700 Meter breite Flussbett auf sechs Bogen überspannt, zu besichtigen. Vor deren Erbauung soll die Uebersetzung mittelst Booten bei starkem Eisgange oft mehrere Tage unmöglich gewesen sein, und jeder Verkehr auf der belebten Route nach Königsberg und der russischen Grenze, im Winter und Frühjahre häufigen Störungen unterlegen haben.

Wie von Dirschau ab die Eisenbahnfahrt in den Gitterbrücken über Weichsel und Nogat zwei moderne Bauwerke uns vorführt, welche mit Recht als Triumphe der Wissenschaft über die rohe Gewalt der Natur betrachtet werden können, so bringt die erste halbe Stunde uns bald darauf ein architektonisches Meisterwerk des Mittelalters vor Augen, wie eines zu bewundern nur selten Gelegenheit gegeben ist. Leider hält unser Zug nur wenige Minuten im Vorhofe der Marienburg, des berühmten Schlosses des ehemaligen Deutschherrn-Ordens, dessen imposante nördliche Fronte dem Stationsgebäude gegenüber sich erhebt.

Die oben bei der Marienkirche Danzigs erwähnte Autorität stellt in ihrer Kunstgeschichte den wundervollen Bau dieser Residenz, Kloster und Festung in sich verschmelzenden Ritterburg mit folgenden Worten an den ihm zukommenden Platz:

„Den höchsten Triumph feiert die Architektur der „Profanbauten gothischer Epoche in dem grossartigen „Hauptschlosse des deutschen Ordens, der stolzen „Marienburg, die in ihrem Mittelschlosse die Hof„meister-Wohnung mit ihrem prachtvollen Remter, „den schönen Ordensremter und andere vielfach ge„staltete Anlagen zu einem ebenso grossartigen wie „künstlerisch vollendeten Ganzen verbindet.“

Die aufmerksame Besichtigung der einzelnen Räume, an welche sich eine reiche Geschichte von genau sechs Jahrhunderten knüpft — der Bau wurde 1274 begonnen — würde einen halben Tag mindestens in Anspruch nehmen. Der Passagier des Courierzuges muss sich mit einem flüchtigen Anblicke von Aussen begnügen, wie es auf weiteren Reisen zum Oefteren unvermeidlich ist.

Die Bahn nähert sich nun mehr und mehr der baltischen See, soferne man geneigt ist, die über der fruchtbaren Marienburger und Elbinger Niederung herüberblickende graue Linie, den Wasserspiegel des Frischen Haffs, als solche zu nehmen.

Königsberg, Preussens zweite Hauptstadt, an Einwohnerzahl jedoch von Breslau weit überflügelt, liegt bald vor, nach kurzer Zeit auch schon hinter uns, und mit Sturmeseile saust der Courierzug durch die wohlbestellten Fluren Ostpreussens dahin.

Als in der Nähe Trakehnens, dem berühmtesten Gestüte der preussischen Monarchie, und dem Mekka des deutschen Pferdezüchters und Pferdefreundes, über den Stand der Feldfrüchte und der üppig grünen Fluren und Weiden im Coupé sich eine Unterhaltung entspann, erwiderte ein mir gegenüber sitzender, anscheinend grosser Gutsbesitzer aus Ostpreussen etwa wie folgt: „Sie wundern sich, mein geehrter Herr aus dem Süden, dass in dem Lande der Hungersnoth, wie man sich zweifelsohne unsere Provinz in Ihrer Heimath vorstellt, doch mehr wächst, als Sie sich erwarteten. Nun, wir gestehen Ihnen gerne und offen, dass es damals nicht gar so arg war, und eine mögliche Noth und Mangel an Sommergetreide von Seite unserer fürsorgenden Provinzial-Regierung wohl etwas zu ängstlich in das Auge gefasst worden. Wenn wir auch wahrscheinlich die schwere Zeit ohne die auswärtige Unterstützung selbst zu überwinden, befähigt gewesen wären, so danken wir ihr doch den Beweis, dass im Falle der Noth wir in jeder Richtung auf die Hilfe unserer deutschen Landsleute bis zu den äussersten Marken rechnen dürfen, eine Erfahrung, welche wir ihnen nie vergessen werden!“

Ausser Insterburg berühren wir auf deutschem Gebiete nur mehr unbedeutende Orte. Auf der Station Eydtkuhnen sagen wir dem deutschen Elemente und den deutschen Farben Lebewohl. Wer es versäumt hat, seine Thaler und Zwanzig-Markstücke in russische Banknoten vorher umzusetzen, dem bietet sich in der Wechselbude des Bahnhofes noch die Gelegenheit, —

wer es jedoch nicht auf diesen letzten Moment ankommen liess, — ist unbedingt besser daran!

Kaum hat sich der Zug von Eydtkuhnen aus in Bewegung gesetzt, erfolgt auch schon wieder das Signal zum Langsamfahren, ein Gotteshaus mit Kuppel und vier Thürmen ragt vor uns auf, zur Linken präsentirt sich ein stattliches Bahnhofsgebäude, schwarz-weiss-orangefarbene Barrieren, fremde Uniformen — — „Wirballen, Alles aussteigen!“ — Wir sind im russischen Kaiserreiche.

Längs des Perrons stehen in gleichen Abständen und mit militärischer Unbeweglichkeit acht bis zehn Gendarmen in blanken Helmen. Das ganze Reisepublikum wird in den grossen Saal zur Pass- und Zollvisitation dirigirt, alle Coupé's werden genau durchsucht, hinter dem letzten Eintretenden wird die Thür geschlossen und von zwei Gendarmen besetzt. An einem Tische in Mitte des Saales haben vier Beamte vom Zoll- und Polizeifache, ein Offizier der Gendarmerie und drei Scribenten Platz genommen.

Obgleich das im Saale nun anwesende niedere Personal sicher gleich zahlreich, wie jenes der angekommenen Reisenden war, mithin mindestens siebzig bis achtzig Köpfe zählte, währte die Abfertigung bis zum letzten doch volle fünf Viertelstunden. Im weiten Vierecke läuft ein niederer Tisch, auf welchem Mann neben Mann seine Habe niederzulegen hatte, obenan den Reisepass. Erst nach Prüfung und erfolgter Zurückstellung des zum Eintritte gestempelten Passes erfolgte die einzelne, ziemlich genaue Untersuchung des Gepäckes, eine Prozedur, welche jedoch im Ganzen mehr ein feierliches Aussehen trägt, als eine beängstigende Stimmung des Reisenden rechtfertigt.

Alles geht mit grossem Ernste, aber in aller Höflichkeit vor sich. Nachsicht und Protektion scheint auch gegen den Inländer nicht geübt zu werden, da wir Zeuge waren, wie neben uns sogar einem russischen Offizier in Uniform, welcher aus einem deutschen Badeorte kam, das Schloss des Reisekoffers mit Hammer und Stemmeisen aufgeschlagen wurde, weil er den Schlüssel verloren hatte. Ich war zufällig der vorletzte unter Allen, und erwartete, ergeben in den Willen der Vorsehung, fünf und siebzig Minuten auf einem Platze stehend, meine Abfertigung.

Wenn diese erfolgt ist, verlässt man aber auch, nach solcher Stunde ernsten Gerichtes, den Saal mit dem erhebenden Bewusstsein, nun in einem Reiche sich zu befinden, wo man wie in keinem zweiten der Erde (in östlicher Richtung von Wirballen aus) die Kleinigkeit von 95 geographischen Längengraden oder über 5800 Stunden wandern kann, ohne abermals einer Zollschranke zu begegnen, und seine Reisetasche erst wieder zu öffnen braucht, falls ein chinesischer Douanier an den Grenzen des Reiches der Mitte, mit geschlitzten Augen und dem malerischen Schopfe am Hinterhaupte solches verlangen sollte. Wem der Stempel mit dem kaiserlichen Adler auf die Reisetasche geklebt und der Pass eingehändigt worden, vor dem hebt sich einzeln die eiserne Fallstange, welche den Ausgang zum Büffet unpassirbar macht. Nach einer weiteren halben Stunde fährt der russische Zug an dem Perron vor.

Schmucke Conducteurs im altrussischen National-Costüme springen behende von Wagen zu Wagen. Sie tragen den dunkelblauen, langen Leibrock ohne Kragen, eine Schärpe von carmoisinrother Seide, weite Pumphosen in zierlichen Wadenstiefeln, dazu die Pelzmütze ohne

Schirm, — der Zugführer auf beiden Schultern ein silbernes Schnurgeflecht. Es ist etwa sechs Uhr des Abends, und mit dem Besteigen des Waggons, welcher sehr bequem, und in Folge der bekanntlich grösseren russischen Spurweite auch die übrigen europäischen Eisenbahnwagen an Räumlichkeit übertrifft, ist man nun auf 26 Stunden bis Petersburg bestens aufgehoben.

Wir befinden uns jetzt in West- oder Weiss-Russland, und zwar zuerst im Gouvernement Kowno, dem alten Samogitien, dessen Areal Flachsfelder, aber in noch weit grösserer Ausdehnung Wälder bedecken, und gelangen aus diesem in jenes von Wilna (Wilno), welches mitunter am Niemen etwas freundlichere Gegenden zeigt. Es neigt sich die Zeit Mitternacht zu, auch gewahrt man nicht viel von der bedeutenden Stadt, (über 79,000 E.), aber der Name ruft uns denkwürdige Tage der Geschichte zurück, indem er verflochten ist mit dem Anfange und Ende des Krieges von 1812.

Napoleons Feldherrnblick hatte nicht sofort erkannt, dass der Theil der russischen Gränze, welche er, gestützt auf den Besitz der unteren Weichselfestungen und des Pregels, zunächst bedrohen konnte, längs des Niemens die verwundbarste Stelle biete, als er auch diesen zu seiner Operationsfront bestimmte, und Wilna, der Kreuzungspunkt der Strassen von Königsberg und Warschau nach Petersburg und Moskau, dadurch das Centrum der französischen Disposition wurde.

Bei den ersten Truppenbewegungen der Franzosen hatte Barklay de Tolly dies voraussetzend, sein Hauptquartier hierher verlegt, und zog es gegen die Düna zurück, als Napoleon bei Kowno über den

Niemen gegangen war, worauf er sich Wilna's, der Hauptstadt Litthauens, bemächtigen konnte. So denkwürdig mithin diese Stadt durch die Besitzergreifung der Franzosen und einflussreich auf den weiteren Feldzug ist, da ihm von hier aus die Strasse nach Smolensk offen geworden, erinnert ihr Name andrerseits an die rasche Erfüllung seines traurigen Verhängnisses. Von hier aus übertrug Napoleon, nachdem er noch am 5. Dezember 1812 in dem nahen Smorgon seinen Kriegsrath versammelt hatte, das Commando der zersprengten Armeen an den König von Neapel, befahl das Heer am Niemen zu sammeln, und verliess dasselbe bei Anbruch der Nacht, um vierzehn Tage später in den Tuilerien die Formation eines neuen zu beginnen.

Den gleich einförmigen Charakter wie die beiden obengenannten Gouvernements trägt auch jenes von Witebsk, wo Haideland und weitreichende Birkenwaldungen mit Feldbau wechseln. Beim Tagesgrauen fährt der Zug in den Bahnhof der starken Festung Dünaburg (über 29,000 E.) ein, über dessen weit hinausgeschobenen Werken unzählige kleine, weisse Nebelwolken kämpfen, und wie im Kaleidoskop jeden Moment das Bild verändern. Das Abhängen und Anstossen von Wagen gönnt uns hier einen halbstündigen Aufenthalt in dem ausgedehnten, von der Stadt weit abliegenden Bahnhofe, wo sich die Bahnen Riga-Smolensk mit Warschau-Petersburg kreuzen. Eine Tasse heissen Thee's erfreut den übernächtigen Magen.

Mit dem Eintritte in das Gouvernement Pskow kommen wir erst in das eigentliche Gross-Russland, und können unser Auge daran gewöhnen, Stunden und Stunden in grader Linie durch Wälder zu fahren, aus denen nur äusserst selten ein ächt russisches Dorf — Holzhütten mit Brettern gedeckt, aus deren Dachrücken sich der Rauch beliebigen Ausgang sucht,— auftaucht. Diese unwirthsamen Gegenden, in deren endlosen Urwaldungen Freund Petz, der Wolf und das Elenn unbehelligt hausen und der Auerochs nach Belieben sich im Sumpfe wälzen kann, reichen unverändert hinein bis ins Ingermannland, das jetzige Gouvernement Petersburg. Wie bekannt, hat in der Nähe von Gatschina, dem etwa fünf Meilen diesseits der Residenzstadt gelegenen kaiserlichen Lustschlosse, der Kaiser von Oesterreich bei seiner Anwesenheit sich der Erlegung eines Bären auf der Treibjagd erfreut.

Wenige Meilen von der nordischen Metropole bereitet uns noch nichts auf die Annäherung vor, die Stationen sind noch immer selten und wenig bedeutend. Zur Linken steigt ein entfernter Höhenzug auf, welcher sich am Finnischen Meerbusen gegen Petersburg verläuft und auf dessen einer Kuppe die kaiserliche Sternwarte Pulkowa liegt, von wo aus auf elektrischem Wege der Eintritt der Mittagszeit in der Hauptstadt mittelst eines Kanonenschusses verkündigt wird.

Es wird sechs Uhr Abends, in der Ferne ragen hohe Dampfkamine auf, zur Linken fliegen wir an einigen reinlich aussehenden Ortschaften mit, wie in Schweden, roth angestrichenen netten Häusern vorüber, — es sind die Niederlassungen deutscher Colonisten — da flimmert eine goldene Nadel am Horizonte, es ist das spitze Dach des Admiralitätsthurmes, rechts und links mehren sich die Geleise, unabsehbare Züge momentan unbeschäftigter Eisenbahnwagen reihen sich vor- und nebeneinander, endlich halten wir im weiten Warschauer Bahnhofe, wir sind in Petersburg!

II.

Petersburg von der Newa gesehen. — Bauart. — Sommergarten. — Winter-Palast. — Eremitage. — Peter Paulskirche in der Festung. — Kasan'sche Kirche. — Isaaks-Kirche. — Monumente. — Das Leben der Strasse. — Fuhrwerk. — Kleinhandel. — Läden und Kaufhaus. — Italienische Nächte an der Newa.

Ueber den Begriff der Schönheit einer Stadt lässt sich überhaupt verschiedener Ansicht sein. Wem kam es nicht schon vor, dass bei Abhandlung des beliebten Thema's der Reisen der von Paris Zurückgekehrte die Wunder der *champs élysées*, der von Wien Entzückte die Pracht des Kärnthner Rings, der Berliner die Herrlichkeiten seiner „Unter den Linden" obenan stellte, und Jeder seinem protegirten Lieblinge die Palme zuerkennen wollte? Wohl öfter als einmal mischte sich dann vielleicht Einer aus der Ecke in das Gespräch, und warf als einer der selteneren Besucher der russischen Residenz den Trumpf zu, dass immerhin Petersburg die prächtigste Hauptstadt Europa's sei und bleibe.

Die volle Berechtigung dieses Urtheiles will wohl nicht sofort einleuchten, und konnten auch wir sie in der Regel ehedem nicht theilen. Warum soll eine

Masse von Häusern, auf eine sterile, vormals sumpfige Fläche zusammengebaut, und — wahrscheinlich mit ängstlicher Regelmässigkeit! — grade dieses Prädikat für sich in Anspruch nehmen dürfen?

Gerade, lange Strassen finden wir ja auch in Turin und Berlin, — die nahe, blaue See in Neapel, Stockholm und Kopenhagen, — bewundernswerthe Paläste in Florenz und Rom, — elegante Bazars in Brüssel, Paris und Wien, — prächtige Reitpferde und Equipagen, tausend Masten und Seefahrer aus allen Theilen der Erde in London!

Allerdings fanden wir annähernd Gleiches allenthalben zerstreut, aber doch nur in Petersburg vereinigt. Ihm gebührt der Apfel!

Die Gründung Petersburgs fällt in die ersten Jahre des achtzehnten Jahrhunderts. Der damals achtundzwanzigjährige Zar, Peter der Grosse (geboren am 30. Mai a. St. 1672), trug unter den vielseitigen Plänen, welche seine Seele erfüllten, mit besonderer Neigung die Umwandlung seines russischen Binnenvolkes in eine mächtige seefahrende Nation in sich. Auf dieses Ziel strebten jahrelange Studien und Versuche hin; um dieses zu erreichen, warf er kriegerische Blicke nach der Ostsee und dem Schwarzen Meere, welche seinen projektirten Handelsverbindungen zugänglich zu machen, seinem nimmer ruhenden Geiste ein Gebot der Nothwendigkeit schien!

Dem Muthigen gehört die Welt! Im Jahre 1696 entriss Peter den Türken Asow am Schwarzen Meere; — 1702 pflanzte er seine Fahne auf die Wälle der kleinen damals schwedischen Festung Nyenschanz, am Einflusse der Newa in die Ostsee, und vereinigte die Provinzen Ingermannland und Carelien mit seinem Reiche. Dem wohldurchdachten Plane war die kühne That gefolgt, und Russland hatte festen Fuss gefasst am Gestade zweier Meere.

Auf der Petersburger Seite, unfern der Newa und der Troizki-Brücke steht ein kleines, hölzernes Haus nach holländischer Einrichtung, — roth angestrichen, mit hellgrünem Dache. Ein Gitter umgibt es, Wächter hüten es, obgleich keine Schätze darin aufgespeichert sind. Aber die Erinnerung hat es geheiligt. Peter der Grosse hat es bewohnt, von hier aus leitete der kaiserliche Baumeister, anspruchslos in allen Bedürfnissen des Lebens, persönlich den Bau seiner Festung auf der Insel der Newa, welche er St. Petersburg nannte. Erst während des Entstehens derselben tauchte in ihm der Plan auf, eine völlig neue, grossartige Stadt damit zu verbinden. Rasch krönte den Gedanken die That. Im Jahre 1703 wurde der Grundstein zur Festung gelegt, nach vier Monaten war sie schon sturmfrei und spiegelte ihre sauber gemauerten Bastionen in der blauen Newafluth!

Im Jahre 1705 zählte der Stadttheil Wassili-Ostrow schon viele Privathäuser, und begann der Bau auf der Petersburger und Admiralitätsseite. Der Plan, den erst genannten Stadttheil, welcher quadratförmig angelegt ist, um ihn Amsterdam ähnlich zu machen, mit Canälen zu versehen, und dadurch die Verladung der Waaren vor jedem Kaufmanns-Magazine zu ermöglichen, scheint bald aufgegeben worden zu sein, die begonnenen Canäle wurden zugeschüttet, und in den prächtigen Strassenzeilen haben stattliche Wohngebäude die Waarenräume in den Hof zurückgedrängt.

Im Jahre 1710 wurde schon die Vermählung der Nichte Peter's mit dem Herzoge von Curland in der neuerbauten Stadt gefeiert. Der Gedanke, seinen Lieblingsplan durchgeführt zu sehen und Palast um Palast vor seinen Augen emporwachsen zu schauen, machte ihn so glücklich, dass er sich entschloss, hier seine künftige Residenz aufzuschlagen. Die Erhebung Petersburgs zur Residenzstadt datirt vom Jahre 1712.

Unter den Grossstädten Europa's ist mithin Petersburg unbestritten die jüngste, unter den Residenzen dagegen die vorletzte, da ihre im Wachsthum etwas zurückgebliebene, noch jüngere Schwester, „Karlsruhe“ nicht viel über hundert Jahre zählt.

Mehr und mehr nahm Petersburg zu unter der zwanzigjährigen Regierung von Peter's Tochter und Nachfolgerin, Elisabeth Petrowna, geboren 1710, gestorben 1762. Mit jedem Jahre wuchs die Zahl der nach der neuen Hauptstadt für den Winter zuziehenden oder ständig übersiedelnden Gutsbesitzer und Edelleute. Namentlich diese wählten zwischen der Moskauer Seite und Fontanka ihre Wohnplätze. In Folge dieser stets wachsenden Bauten hörte um 1730 Wassili-Ostrow auf der dominirende Theil zu sein, und der Schwerpunkt Petersburgs wurde auf die Stadttheile des linken Ufers, deren Centrum das kaiserliche Residenzschloss, — übergetragen.

Cadetten-Corps, — Ritter-Akademie, — Reitschulen und die grossen kaiserlichen Stallungen an der Moika wurden 1721—1733 gebaut. Letztere, heute noch bestehend, sind von so ungeheuerem Umfange, dass für das zahlreich dort untergebrachte Personal des Hofstall-Ressorts eine eigene Kirche, — die „Stallkirche“ aufgeführt wurde.

Etwa zur selben Zeit erhielt auch (1742) das Ssemenow'sche Garde-Regiment, dessen weitläuftige

Casernen und noch weit ausgedehnterer Exerzir- und Parade-Platz (Ssemenowskoi-Platz-Parad) beim jetzigen Warschauer Bahnhofe am Süd-Ende der Stadt liegen, seine eigene Kirche, wie ja auch das Preobrasenskysche Garde-Regiment heute noch an der Erlöserstrasse sein eigenes Bethaus als selbstständige Regiments-Kirche (Spass-Preobrasensky-Sabor) besitzt. Schon ihr Aeusseres trägt militärisches Gepräge; das ihren Hofraum umgebende Gitter ist aus zweihundert erbeuteten türkischen und französischen Kanonenrohren zusammengesetzt, um welche sich zierlich geschwungene Ketten schlingen, das Innere schmücken Trophäen von allerlei besiegten Völkern.

Der erste grosse Brand, welcher Petersburg heimsuchte, 1736, hatte mehrere kaiserliche Verordnungen zur Folge, welche die, in Folge des raschen Anwachsens der Stadt nicht zu vermeidenden Missstände zu beseitigen geeignet waren. Die mangelhafte Strassenbeleuchtung wurde verbessert, dadurch der Sicherheit der Person und des Eigenthums ein mächtiger Vorschub geleistet; das Steinpflaster, welches bis jetzt auf die Plätze vor dem Winterpalaste und dem Posthause sich beschränkt hatte, wurde auf die übrigen Strassen ausgedehnt. Die Bauart der Häuser, welche in den ersten Dezennien eine sehr einfache genannt werden musste, liess einen zunehmenden Luxus wahrnehmen. Es mehrte sich die Zahl der zweistöckigen Häuser, — deren Paradesäle das Licht oft aus zwei Reihen hoher über einander befindlicher Fenster erhielten, die Façaden zierte reiche Stukkatur-Arbeit, theilweise vergoldet, die Fenstereinfassungen wurden aus schwerem Eichenholze verfertigt, in welche helle, böhmische Glasscheiben gefügt, dem Ganzen einen stattlichen Anstrich gaben.

Grosse Balkone, welche ganzen Gesellschaften Platz geben, wurden hergestellt und boten ihre Räume der nordischen Liebhaberei, Haus und Hof, Treppen und Salons, Altane und Vestibul mit einem Reichthume von Blumen zu schmücken.

Die häufigen Feuersbrünste bewogen ferner die Regierung, vom Systeme, die Häuser dicht an einander zu bauen, abzugehen, die isolirte Stellung aller Neubauten zu verordnen, und die Bestimmung zu treffen, dass vom Jahre 1739 an, auf der Admiralitätsseite nur aus Ziegelstein errichtete Gebäude aufgeführt werden durften, während dieses für die übrigen Stadttheile gar nicht, auf Wassili-Ostrow nur für die Quais und ersten Linien obligatorisch sein sollte.

Auch die „Datschen" — die in ihrer Art nur Petersburg eigenthümlichen Villen, für die ausschliessliche Benützung in der heissen Jahreszeit — verdanken dieser Zeitperiode ihre Entstehung. Wir werden am Schlusse dieses Abschnittes noch auf dieselben zurückkommen. Schon die moskowitischen Herrscher, vor Peter dem Grossen, hatten die Gewohnheit, im Hoch-Sommer nicht den Kreml zu bewohnen, sondern in eines der um Moskau liegenden Dörfer überzusiedeln.

Die erste Datsche, ein Sommerhaus mit weitläuftigem Garten, erbaute sich Roumjanzow an der Fontanka. Ebenso war unter den ersten die Datsche des Generals Dupré, in der Gegend des heutigen Wossnessensky-Prospektes gelegen, wo jetzt der Yussupow'sche Garten ist. Häufig wurden die Grundstücke zur Erbauung vom Kaiser geschenkt, da der Boden werthlos, und die schnelle Zunahme der Stadt in jeder Hinsicht zu fördern, sein aufrichtiges Bestreben war.

Mit Anfang der zweiten Hälfte des achtzehnten

Jahrhunderts erst, als von Seite des Hofes der Anstoss hierzu gegeben worden, fand man für geeigneter, die Landsitze aus den sumpfigen Umgebungen der Canäle an die Peterhof'sche Strasse zu verlegen, umsomehr, als der kaiserliche Haushalt für die Sommer-Monate von da ab in Peterhof seinen Aufenthalt nahm.

Unserer Meinung nach sollte man, um das herrliche Bild von Petersburg in seiner vortheilhaftesten Auffassung zu gewinnen, zur See ankommen, etwa von Kronstadt oder Peterhof her, weil sich vom Eintritte in die Newamündung an, mit jeder Schraubendrehung des Dampfers dasselbe mehr und mehr entwickelt.

Etwa drei deutsche Meilen von der Küste, d. h. dem Ausflusse des Stromes in den Finnischen Meerbusen, taucht als erstes sichtbares Merkmal der nordischen Metropole die Riesenkuppel der Isaakskirche auf, welche als eine goldene Kugel über den Wassern schwimmt, wenn die Küste selbst noch lange nicht in unsern Gesichtskreis getreten ist. Schon dieses erste Wahrzeichen lässt uns ahnen, wie in einzelnen Anklängen die Zauber des Orients, in den Norden herübergetragen, uns überraschen werden.

Allmählich steigen die westlichen Stadttheile, links Wassili-Ostrow, rechts die Admiralitätsseite aus der blauen Fluth, welche sich nun bald zum mächtigen Strome verengt, an dessen prächtigen Granit-Quais, soweit das Auge reicht, Dampfschiffe und Kauffahrer in buntem Gemische sich aneinander reihen. In der Nähe der steinernen Nikolai-Brücke mehren sich die Paläste und Prachtbauten, so dass die angestrengteste Aufmerksamkeit nöthig wird, auf beiden Seiten dem stets neu Erscheinenden sich zuzuwenden. Obgleich der Arm, auf welchem wir uns nun befinden, die

„grosse Newa“ heisst, führt er hier etwa nur ein gutes Drittheil der Hauptwassermasse, mit welcher die Newa oberhalb des Alexander-Newsky-Klosters in den Stadtcomplex einströmt, herab.

Unter den öffentlichen Gebäuden tritt nun zuerst links die Akademie der Künste auf, vor ihr an der Quai-Mauer die zwei colossalen, aus Aegypten gebrachten Sphinxe, dann folgt der Rumjanzow-Square mit seinem hohen Obelisk aus grünem Marmor mit goldener Kugel, — die lange Front des kaiserlichen ersten Cadetten-Corps, die Akademie der Wissenschaften, dann die Börse mit ihren zwei hohen Säulen, letztere durch gegossene Schiffsschnäbel verziert.

Rechts die schönen Bauten längs des englischen Quais, der Petersplatz mit dem Gebäude der Synode, der Isaakskirche und dem Monumente Peter's des Grossen im Vordergrunde, daneben die alte Admiralität mit dem weit sichtbaren, vergoldeten Spitzdache des Thurmes, dann der Winterpalast, die Eremitage (ein zur Gemälde-Gallerie umgewandelter Palast), — das kaiserliche Hoftheater, noch andere Paläste von Grossfürsten, das Marmor-Palais, das ungeheuere Marsfeld mit der Statue Suwarow's am Quai, der kaiserliche Sommergarten mit seiner reichvergoldeten Marmorkapelle im Vordergrunde, dann weiter aufwärts der Taurische Palast u. s. w.

An der Troizki- (Dreifaltigkeits-) Brücke wollen wir, als am Mittelpunkte der Stadt angelangt, in Gedanken einen Augenblick anhalten.

Wir sind jetzt an der Stelle, wo die Newa sich entschliesst, ihre mächtige Wassermasse theilweise abzugeben, und ihres Ueberflusses sich entledigend, rechts die Newka und die kleine Newa, links die Fontanka abzuzweigen. Hier beträgt ihre grösste Breite etwa einen Werst, den siebenten Theil einer deutschen Meile, über 3600 Fuss oder gegen 1500 Schritte. Keine zweite Stadt Europa's wird von einem solchen mächtigen Gewässer durchströmt. Die Donau bei Buda-Pesth zählt nur 2000, der Rhein bei Cöln nur 1300 Fuss.

Zur Linken schwimmt nun die Festungsinsel, mit ihren aus dem Wasser aufsteigenden Bastionen, dahinter ihr hoher Kirchthurm, dessen letzte 150 Fuss eine vergoldete Spitze bilden, welche wie eine neuvergoldete Federmesserklinge in den blauen Aether ragt. Auf der Wiborger Seite (ebenfalls links) schliesst sich hieran die langgedehnte Front der Klinik, während vor uns, in mindestens fast stundenweiter Entfernung, am Ostende Petersburgs, die prächtige Kirche des Smolnoi-Klosters, mit ihren fünf indigoblauen Kuppeln himmelanstrebend, das Rundbild abschliesst.

Die hervorragende Schönheit Petersburgs gipfelt in den richtigen Verhältnissen zwischen Strom, Strassen und Plätzen, zusammengefasst in der „grossartig durchgeführten Raumverschwendung", welche alle diese Riesenbauten erst ganz ins Licht treten und würdigen lässt. Peter der Grosse hat mit dem Gedanken, an dieser Stelle die neue Capitale seines Reiches zu gründen, sicherlich erwogen, dass eine Stadt, welche an beiden Seiten solch' mächtigen Stromes zu stehen sich vermesse, in der ersten Anlage schon von den Dimensionen anderer Städte abstrahiren müsse, sowie, dass man hier nicht mit Quadratruthen rechnen und die allmähliche Vergrösserung getrost der Zukunft überlassen könne.

Desshalb finden sich auch hier im ersten Entwurfe schon alle Proportionen so colossal gegriffen, wie nirgends anderwärts, und Petersburg wird nicht wohl in die

Nothwendigkeit versetzt werden, stückweise Häuser niederreissen und Strassen erweitern zu müssen, um mit diesem Flickwerk die früheren Sünden gegen den guten Geschmack zu corrigiren.

Alle Strassen Petersburgs ohne Ausnahme sind breit und bequem, Winkel- und Sackgässchen sind durchaus unbekannt. Jene ersten Ranges sind die schon oben erwähnten drei, vom Admiralitätsplatze auslaufenden Radien, welche „Prospekte“ genannt werden, ausserdem die kleine und grosse „Morskaja“, die grosse und kleine „Millionawa“, die „Metschanskaja“, und Ssadowaja (Gartenstrasse).

Zweiten Ranges sind die „Ulitzen“, endlich des dritten die „Pereuloks“. (Querstrassen).

Den Vorzug, im grossen Ganzen wie aus einem Gusse hervorgegangen zu sein, kann ihr keine andere Grossstadt streitig machen. Der Unterschied springt schon in der ersten Stunde dem Ankommenden in die Augen, dass in Petersburg nicht, wie in Paris und Wien, um einen alten winklichten Kern die Vorstädte und Boulevards sich ankrystallisirt haben, sondern sich in der Uebereinstimmung aller seiner Theile ein grossartiger verkörperter Gedanke ausspricht.

Wie nun die horizontalen Verhältnisse einerseits der russischen Kaiserstadt mit Recht das Prädikat „imposant“ bezüglich des Raumes sich zuerkennen lassen müssen, so fügt sich andrerseits das harmonisch durchgeführte Prinzip, einen Baustyl vorherrschen zu lassen, hinzu, ohne sich dennoch zur uniformsmässigen Wiederholung zu verirren.

Die abwerfende Meinung, welche Cüstine in seinem 1843 erschienenen Werke: „Russland im Jahre 1839“ über die Architektur Petersburgs und namentlich über die häufige Anwendung des griechischen Styles an den öffentlichen Gebäuden ausspricht, kann nicht wohl allseitig getheilt werden. Im Gegentheile möchte sich für den häufig benützten Schmuck des Prostylos und des Giebelfeldes keine Stadt besser eignen, als eine solche mit verhältnissmässig niedrigen Gebäuden, wo grosse freie Plätze und breite Prospekte den Anblick aus geeigneter Entfernung gestatten, und keine nebenangedrängte sechsstockigte schmale Wohnhäuser den breitbasigen Monumentalbau in den Boden drücken.

Ebensowenig lässt sich vom praktischen Standpunkte aus die Anwendung von Säulenstellungen an der Façade — als mit dem Klima des Nordens unvereinbar, weil vom Süden entlehnt, — verwerfen. Eine Verordnung, welche dem sechzigsten Grade der nördlichen Breite das pompejanische Haus mit seinen gegen das Atrium offenen Wohnräumen und das Impluvium aufzwingen wollte, würde unausführbar in einem Klima, wo im Winter auf den öffentlichen Plätzen und vor den Theatern eiserne Oefen geheizt werden, damit die wartenden Kutscher nicht erfrieren. Aber die Ausschmückung öffentlicher Bauten mittelst mächtiger Monolithe an der Façade, wodurch die lange Reihe der bürgerlichen Wohnhäuser wohlthuend unterbrochen wird, verleiht im Vereine mit den zahlreichen Kirchen des griechischen Cultus und ihrem symmetrischen Kuppelreichthum, dem Ganzen einen gewissen idealen Charakter, welcher über die nüchterne Alltäglichkeit, mit welcher anderwärts jeder Raum ausgenützt wird, oder aller Schmuck sich auf kleinliche Terracotten-Ornamentik beschränkt, weit erhaben erscheint.

Der äusseren Ausstattung des Petersburger Wohnhauses entspricht auch das Innere. Diese Ueberzeugung wird sich Jedem aufdrängen, welcher Treppenhaus und Zimmer betritt. Vor der häufigen Enttäuschung, wie sie vielseitig mit dem ersten Schritte in prächtig aussehende Häuser älterer Grossstädte uns begegnet, ist man hier bewahrt, da kein altes Gewinkel durch den trügerischen Aufputz einer neuen Façade im Aeusseren den Nachbarn ebenbürtig gemacht, dahinter seine verschobenen Ecken und trapezoidförmigen Räume verbirgt.

Durch die gefälligen Höhenverhältnisse eignen sich die Petersburger Wohnhäuser eine weitere Schönheit an. Da sie aus dem Boden herausgehoben, neben dem Erdgeschosse in der Regel nur noch zwei Stockwerke haben, so ist es ermöglicht, den Zimmern eine angemessene Höhe zu geben.

Wahrlich ein wohlthuender Anblick im Vergleiche der modernen Zinshäuser im Casernenstyle, mit fünf oder sechs sich nach oben stets verjüngenden Stockwerken, und den schmalen, dicht an einander gestellten Fenstern, um möglichst viele kleine Räume zu erzielen und bei der in den deutschen Residenzstädten allseitig herrschenden Wohnungsnoth — mittelst progressiver halbjähriger Steigerung den möglichst grossen Miethertrag auspressen zu können! Allerdings ist auch in Petersburg das Zinshaus zu finden, und zwar im grössten Maassstabe, z. B. die Demidow'schen Häuser am Newsky-Prospekte beherbergen über 1200 Personen — Familien aller Stände, — nur mit dem Unterschiede, dass in ihnen durch Weitläuftigkeit erreicht wird, was anderwärts mittelst Anwendung des Zellensystemes erstrebt werden will.

Mehr noch als in andern Staaten centralisirt sich in Russland Alles in den Hauptstädten, zunächst in

Petersburg. Der reiche Adel mag aus seinen prächtigen Palästen allerdings ruhig auf das Treiben herabschauen, wie die Residenzstadt, trotz ihrer weiten Ausdehnung, der Unzahl hoher und höchster Beamten, welche die complicirte Staatsmaschine leiten, bis herunter zum Letzten, welcher sich noch dazu rechnen darf, Obdach zu bieten, fertig wird. Es ist erklärlich, dass die Miethen hoch sind, umsomehr als auch das Bauen aus verschiedenen Gründen, z. B. besonders durch die oft nothwendig werdende Fundamentirung auf Rostwerk, sehr theuer kommen soll.

Aus Reichstags- und Kammerverhandlungen ersieht man, dass die Mitglieder der diplomatischen Corps in Petersburg die höchsten Besoldungen beziehen, welche auch in allen Fällen, wo kein dem fremden Staate eigenthümliches Gesandtschafts-Palais existirt, schon aus Wohnungsrücksichten wohl motivirt sind.

Eines der ausgedehntesten Wohngebäude ist die „Generalität", dem Winterpalaste und der Alexandersäule gegenüber, welche ausschliesslich für kaiserliche Generale bestimmt ist. Das Hauptthor ziert eine Quadriga des Mars (mit fünf! ehernen Rossen).

Bei dem Quai vor dem Sommergarten, der Hauptstation der kleinen, nach den Inseln fahrenden Dampfer, wollen wir nun aussteigen, und diese beliebte Promenade betreten. Der kaiserliche Sommergarten ist ein langes Rechteck, mit schattigen Alleen, einer grossen Menge mythologischer Bildwerke, und dem Denkmale des Fabeldichters Krylow, des russischen Gellert. Die in das Piedestal eingelassenen vier Relieftafeln in Erzguss bieten in buntem Gemische charakteristische Figuren aus seinen Thiergeschichten, so vorzüglich gezeichnet, als ob Kaulbach's Meisterhand in des Humors glücklichster Stunde den Entwurf dazu geliefert hätte. Wenn wir recht berichtet sind, so wurde die schon oben erwähnte Kapelle am Eingange des Gartens, ein in grauem Marmor und reichem Goldschmucke ausgeführtes wahres Bijou, zum Andenken der Errettung des jetzigen Kaisers aus Mörderhand errichtet.

Wie schon Eingangs erwähnt, wollen wir keinen Fremdenführer schreiben, und uns ebensowenig mit Aufzählung aller Paläste und Kirchen abmühen. Greifen wir mithin aus dem Vielen, was sich bietet, etwas Weniges heraus, z. B. aus den Profanbauten den Winterpalast und die Eremitage, aus den kirchlichen die Festungskirche, die Kasan'sche und die Perle von allen, die Isaakskirche.

Der Winterpalast (im Jahre 1837 theilweise ein Raub der Flammen geworden) ist ein Rechteck, mit der nördlichen Langseite gegen die Newa, mit der südlichen gegen den grossartigen Admiralitätsplatz gerichtet, in dessen Mitte die Alexandersäule, — 80 Fuss hoch, aus einem Stücke gehauen, steht. Mit dem kubischen Blocke, welcher als Piedestal dient, und dem Engel mit dem Kreuze, welcher die Spitze trägt, erreicht ihre Gesammthöhe 150 Fuss, Capitäl und Reliefschmuck des Piedestals sind aus eroberten Kanonen gegossen. Errichtet wurde sie zu Ehren Kaiser Alexander's I.; ein grosses Gemälde in den Gallerien des Winterpalastes verewigt die grossartige militärische Feierlichkeit. Um ihr reiches Gitter schreitet in Bärenmütze und langem Mantel eine eisgraue Schildwache, ein Unteroffizier der Palastgrenadiere. Die hohe, hagere Kriegergestalt mit langem, weissen Schnurrbarte, erdfahlen, tiefernsten Zügen, die Brust mit dem Georgenkreuze und vielen Medaillen geschmückt, musste trotz seines monotonen Rundganges unser Interesse gewinnen. Was hätte er nicht vielleicht Alles erzählen können, von Schumla und Silistria, von Praga und Ostrolenka, vom Kaukasus, von Kars und Eupatoria! Er schien so bleich und müde, und doch wieder so aufrecht und willensstark, als ob er auf seinem Posten, — im Angesichte seines Kaiserhauses — sterben wolle!

Der Winterpalast ist bekanntlich eines der prächtigsten Schlösser der Erde. In Abwesenheit der kaiserlichen Familie wurde uns die Erlaubnisskarte zur Besichtigung von einem höheren Offiziere des Palastes bereitwilligst ertheilt. Beim Eintritte durch das südöstliche Portal fällt die Menge der sich hier aufhaltenden Personen, der vielköpfigen Dienerschaft, auf. Bärtige Portiers, von Gold strotzend, eine Masse bartloser unbeschäftigter Lakaien in allen Lebensstadien, alte Unteroffiziere der Palastgrenadiere (der sogenannten goldenen Garde, wahrscheinlich, weil ihre Rockärmel mit einer Menge goldener Tressen als Dienstjahre-Auszeichnung vernähet sind) — Kameraden unseres alten Freundes von der Alexandersäule — sitzen auf Bänken und Treppen umher, wie denn überhaupt der Luxus mit zahlreicher Dienerschaft nirgends auffallender ist, als in den Häusern der russischen Grossen, mithin im Kaiserpalaste am ausgedehntesten. So machen sich auch die Wohnhäuser der russischen höheren Offiziere mehr durch die Menge der unter dem Thore harrenden Ordonnanzen, Aufwärter und Diener, als die aufgestellte Schildwache kenntlich.

Unter den Hunderten von Sälen und Prunkzimmern ist uns eine Reihenfolge zu halten unmöglich; wir heben aus ihnen nach unserem Erinnerungsvermögen heraus den Sankt-Georg-Rittersaal, wo die Gesandten empfangen werden, den Saal Peter's des Grossen, dessen rothe Damastwände mit hundert und hundert goldgestickten Adlern übersäet sind, den riesigen Thronsaal, und die Schlosskapelle, beide mit Gold übergossen; in letzterer hatte einige Monate vor unserer Anwesenheit die Trauung der Grossfürstin Marie mit dem Herzoge von Edinburg stattgehabt.

Nun möchten wir die verehrte Damenwelt herbeiwünschen, damit sie gleich uns die der hohen Braut neu eingerichteten Appartements besuchen, und in ihren Details, welche wir weniger zu würdigen verstehen, bewundern könnte. Da war ein Hochzeitsgemach, in hellblauem Seidendamast, Tapisserie und Meublement harmonisch durchgeführt, ein bräutliches Ankleidezimmer in carmoisin Seidendamast, der reiche Toilettentisch in gleicher Farbe, über ihn ein Schleier in Spitzen und Bandschleifen geworfen, daneben ein anderes Boudoir ganz in rosa Seidenstoff, die Toilette abermals in gleicher Farbe, mit Spitzen und Bandschleifen feenhaft geschmückt. Mittelst einer Tapetenthüre gelangt man in ein Badegemach im maurischen Style, Badewanne in weissem Marmor, im Hintergrunde unter Hufeisenbögen, bei träumerischem, gedämpften Lichte in einer Nische das Ruhebett. Die Wände bedeckt netzartige phantastische Ornamentik, in Gold auf dunklem Roth.

Ernsteren Eindruck machen die Wohnräume und das Sterbezimmer der dahingeschiedenen vorigen Kaiserin, in welchem noch Alles unverändert, wie am Tage ihres Ablebens, geblieben. Gleiche Einfachheit charakterisirt die Räumlichkeiten, welche der jetzige Kaiser bewohnt, beziehungsweise „einfach“ für einen Herrscher aller Reussen!

Wenn wir die dem persischen Schach bei seiner Anwesenheit (1873) im russischen Kaiserpalaste eingeräumten Zimmer, trotz ihrer eleganten Ausstattung in dunkelblauem Sammet, doch verhältnissmässig weniger kostbar ausgerüstet fanden, so dürfte die eigenthümliche Liebhaberei dieses regierenden Herrn, welche die Zeitungen damals reichlich zum Gegenstande der Besprechung machten, mit Recht von übertriebenem Luxus abgehalten haben.

Ich weiss nicht, war es Sinnentäuschung oder sah mein Auge richtig, es will auf dem Parketboden noch dunkelgefärbte Stellen bemerkt haben, wo wahrscheinlich von höchsteignen Händen einem Hammel das Leben abgesprochen worden. Das zur Ruhe höchst einladende Bett soll der Schach nicht berührt haben, wenigstens wurde ein breiter Divan gezeigt, dem er den Vorzug gegeben habe. Vielleicht hätte der dicke Lakai, welcher uns führte, noch manche interessante Beiträge zu der Reise des Persers liefern können, falls die Zeit nicht gedrängt hätte.

Ganz besonders geschmackvoll erschien uns das Theezimmer, in welchem die allerhöchsten Herrschaften, im engen Familienkreise, gewöhnlich die Winterabende verbringen. Tapeten und Meublement in weissem Damaste mit grossen eingewirkten farbigen Bouquets, was bei reicher Beleuchtung noch reizender aussehen mag! Eine mit Blumen bestellte Marmortreppe führt hinab zu einer Grotte, wo unter tropischen Gewächsen ein zweiter Cirkel Raum findet. So sehr die Ausschmückung der sich aneinander reihenden Prunksäle und Gemächer im allgemeinen schon blenden muss, indem Gold und Marmor, Jaspis und Malachit sich gegenseitig zu überbieten suchen, so ist es doch nicht die aufgehäufte Pracht und der ungemessene Reichthum allein, sondern ebensosehr die geschmackvolle Eleganz im ganzen Arrangement, welche das höchste Staunen rege macht.

Anders ist es, sobald wir die Schatzkeammr betreten, wo zwei Unteroffiziere der Garde die aufgestellten Kronjuwelen bewachen und zeigen. Wir stehen hier in einem Raume, wo der aufgestapelte Reichthum durch seine Masse wirkt. Wir gestehen offen, dass unserem persönlichen Geschmack das Beschauen solcher todter Schätze weniger zusagt, und die Versieglung der Glaskästen überflüssig wäre, würden alle Menschen durch Edelsteine und Perlen so wenig verlockt. Man sieht hier u. A. die Krone des Kaisers und der Kaiserin, verschiedene Diademe, die Insignien und Ketten der Hausorden, endlich den Brillantschmuck der Kaiserin, ein Geschenk zur Jubelfeier der silbernen Hochzeit, welcher die Kleinigkeit von 33 Millionen Silberrubel gekostet haben soll.

In den Schlachten-Gallerien, Bilder enthaltend aus allen Zeiten und Ländern, wo Russen geschlagen haben, mitunter auch nur grosse Paraden mit Portraitähnlichkeit der höchsten Personen, war unter den vielen Gemälden eines, was mich besonders fesselte, und durch künstlerische Behandlung des Stoffes ansprach, die Unterwerfung Schamyls. Im Vordergrunde der russische Generalstab im Feldcostüme, Kosaken und Baschkiren, vor ihnen einige Repräsentanten der besiegten Stämme, an ihrer Spitze Schamyl, ihm zur Seite sein Söhnchen, der kleine Prinz in — Schaffellen! Alle durch die ausgewaschenen Felsklippen der kaukasischen Gebirge in einen köstlichen Rahmen gefasst.

In andern Sälen und auf langen Corridors finden sich Marschälle, dann Generale und hochgestellte Staatsmänner zu Hunderten an einander gereiht, ein wahres Vocabulaire berühmter Namen auf dem Gebiete der Diplomatie, wie der Schlacht, mitunter auch — wie die Geschichte behauptet — durch das Glück, welches Einzelnen die besondere Gunst der „grossen Regentin“ zugewendet.

Wir können den Winterpalast nicht verlassen, ohne aus den Fenstern der gegen die Newa gewendeten Nordfronte, in welcher eine lange Flucht der prächtigsten Appartements vom Kaiser Franz Joseph von Oesterreich bei seinem Besuche bewohnt wurde, einen Blick zu werfen!

Wenige, innerhalb der Residenzstadt gelegene Schlösser europäischer Souveraine, etwa jenes von Stockholm und den Quirinal ausgenommen — erfreuen sich einer solchen freien Umsicht, keines von allen jedoch wird nach jeder Seite, von einer so würdigen Umgebung gehoben, in das Licht treten!

Unter den Fenstern der belebte Quai, an welchem sich die mächtigen Fluthen der breiten, grossen Newa vorüberwälzen; vom jenseitigen Ufer glänzen die stattlichen Bauten von Wassili-Ostrow, eine lange Reihe von Palästen herüber (ein zweiter „Jungfernstieg“ —), unter ihnen die beiden Akademie-Gebäude, das der Künste und jenes der Wissenschaften, das kaiserliche Kadetten-Corps u. s. w. Dampfer jeden Ranges, Segelschiffe, immerhin noch ansehnlicher Grösse, eilen vorüber, während unzählige Barken und Gondeln stromauf- und abwärts schaukeln, oder die Verbindung zwischen den einzelnen Stadttheilen unterhalten. Von der Festungskirche funkelt das goldene Spitzdach in den blauen Lüften, und wirft seinen langen Schatten in den klaren Strom.

Die Eremitage, von Katharina II. erbaut, von Klenze 1840—1850 jedoch im Grossen wieder umgebaut, ist mit dem Winterpalaste durch einen Bogengang verbunden, und vereinigt in sich nunmehr Pinakothek, Glyptothek, dann Kunstsammlungen aus dem Gebiete der Münzen, geschnittenen Steine u. s. w. Das Stiegenhaus ist ebenso grossartig, wie die zahlreichen einzelnen Säle. Ausser Stande, und überhaupt nicht gesonnen, auf Details einzugehen, da dem flüchtigen Beschauer in jeder Gallerie von grösserer Ausdehnung der Sinn befangen und die Schärfe der Beobachtung abgestumpft wird, möchten wir nur hervorheben, was die Eremitage gegen andere derartige Museen voraushaben mag, den Reichthum und die äusserst geschmackvolle Ausstattung der einzelnen Räume. Man findet wohl nirgends eine solche Masse kostbarer Malachitvasen — im Wechsel mit Tischen in Mosaik und anderen derlei Gegenständen hohen Werthes. Alle Säle sind mit den elegantesten Meubel-Garnituren in Roth und vergoldetem Holzwerk versehen, wodurch die, den vorzugsweise für Gemälde bestimmten Räumen sonst stets eigenthümliche Leere, in für das Auge wohlthuender Weise beseitigt wird. Auch wenn man schon viele derartige Sammlungen da und dort gesehen hat, wird man doch stets wieder zu dem Endresultate kommen, dass Alles, was überhaupt mit Geld beizuschaffen ist, sich in Petersburg findet, dass jedoch der Aufwand allenthalben mit künstlerischer Verwendung desselben, Hand in Hand geht.

Der Besuch der Festungskirche knüpft sich an keine besondere Erlaubniss, und wird der Eintritt in die Citadelle, zu welcher von der Petersburg'schen Seite her eine Holzbrücke über den Newa-Arm führt, nicht beanstandet. Die Kirche, welche mit der Festung von Peter dem Grossen gleichzeitig gegründet worden, ist zugleich die Begräbnissstätte der kaiserlichen Familie. Die hier aufgestellten Sarcophage, alle gleich in weissem Marmor, schliessen sich gewissermassen als eine zweite Serie an jene, welche die Michaelskirche auf dem Kreml zu Moskau birgt. Sie beginnen hier mit Peter dem Grossen, und endigen, wenn uns nicht das Gedächtniss trügt, mit dem in Nizza (1865) verstorbenen Grossfürsten-Thronfolger.

Die Kirche ist hell, und prangt in reichem Schmucke von edlen Metallen und zahlreichen Trophäen, nämlich europäischen, türkischen und persischen Fahnen, welche jedoch ebenso geordnet, auch die Kasan'sche Kirche aufweisen kann. Der freundliche Eindruck wird noch erhöht durch den stets frisch erhaltenen Blumenflor und mächtige Topfpflanzen, aus welchen sich die weissmarmornen Särge abheben. Entgegen der finstern Kaisergruft der Habsburger bei den Kapuzinern und der düstern Grabkirche der französischen Regenten-Familie zu Saint-Denis, wandelt man hier in einem luftigen Raume, und athmet zwischen Särgen statt Moders nur Blumendüfte. Wie Alles in Petersburg vorwiegend militärischen Charakter trägt, so sind auch die Führer durch die Kirche nicht Mönch oder Sakristan, sondern drei bis vier alte bärtige Unteroffiziere der Garde bewachen die irdischen Ueberreste der verlebten Mitglieder des Kaiserhauses, welche auch im Leben keinen treueren Händen anvertraut sein konnten.

Die Kasan'sche Kirche am Newsky-Prospekte mit

ihren halbkreisförmigen Kolonnaden, im verjüngten Maasse eine Nachbildung von Bernini's kolossalen Säulenhallen vor der Peterskirche in Rom, ist trotz ihrer Pracht (der Ikonostas, der das Heiligthum der Altäre von dem übrigen Kirchenraume abschliessende Bilderschrank, ist hier ganz von getriebenem Silber) durch die erst 1859 vollendete Isaakskirche nun in Schatten gestellt.

Ueberreich an Schätzen, wird die Kasan'sche Kirche, sofern nur der Werth derselben in Anschlag gebracht wird, nicht leicht von einem andern Gebäude der Erde übertroffen werden. In architektonischer Beziehung ist sie unstreitig von den edlen Proportionen der Isaakskirche weit überflügelt.

Letztere ist zweifelsohne der schönste Bau Petersburgs, somit auch des ganzen Russlands. Sie darf in ihrer Art, als Meisterwerk des russisch-griechischen Kirchenbaustyles, neben die bedeutendste Leistung des Zeitalters der Hochrenaissançe, die „Peterskirche“ in Rom treten, wenn sie auch an Raum unendlich weit hinter letzterer zurückbleibt.

Man denke sich einen massigen Tempel in Form eines griechischen Kreuzes, ganz von Marmor und Bronze, — ringsum auf den vier gleichen Fronten getragen von je zwölf dorischen Säulen aus rothem Granit, die nach den vier Himmelsgegenden gerichteten vier Frontispize mit einhundert zwanzig Fuss Länge in Erzguss. Ueber der Mitte erhebt sich ein Dom bis zur Höhe von 340 Fuss (Michael Angelo ging bekanntlich noch 100 Fuss höher) mit vergoldeter Kuppel, auf derselben eine von vierundzwanzig Granitsäulen getragene Laterne mit gleichfalls vergoldetem Dache und Kreuze.

Ueber das Innere lässt sich nur kurz erwähnen, dass es des Aeusseren würdig sei, obgleich ein Bau von diesen richtigen Proportionen zwischen Flächeninhalt und Höhe, diesem majestätischen Aufstreben nach lichter Höhe auf einem massigen Fundamente, zu welchem allseitig grossartige Stufen führen — einer so reichen dekorativen Ausstattung gar nicht bedurft hätte, um zur Bewunderung anzuregen!

Die edle Einfachheit des Grundgedankens, welcher beim Entwurf dieses Riesenbaues vorherrscht, bringt mit der verschwenderischen Ausschmückung, mittelst Gold und Edelsteinen, Mosaik, dann Säulen in Jaspis und Malachit eine überwältigende Wirkung hervor, zumal wenn während des Gottesdienstes noch von einem unsichtbaren Chore Männergesang durch diesen edlen Raum schallt, von Stimmen, namentlich Baritonisten und Solobassisten, welche jedes Hoftheater mit Gold aufwiegen dürfte. Der Gottesdienst wird hier, am Sitze des im Alexander-Newsky-Kloster residirenden Metropoliten, mit einem ganz ausserordentlichen Pompe gefeiert, welcher an Zahl der Geistlichen und Reichthum der Gewänder nicht von den Kirchenfesten in Sankt Peter oder dem Lateran übertroffen werden dürfte. Die Isaakskirche ist ein Wunderbau, dessen Anschauung allein schon eine Fahrt nach Petersburg lohnt, in welchem für Auge und Ohr gleich hoher Genuss geboten wird.

In ihr möchte der russisch-griechische Kirchenbaustyl, welcher nach sachkundigem Urtheile mitunter, wie z. B. in Moskau, sich bis zur Geschmacklosigkeit verirrte, bis jetzt den höchsten Grad künstlerischer Vollendung erreicht haben.

An Monumenten isf Petersburg nicht minder reich

als andere Residenzen, und wird an Zahl derselben vielleicht nur von Berlin übertroffen.

Unter seinen neueren finden wir gleich hinter der Isaakskirche das Reiterstandbild des verstorbenen Kaisers Nikolaus. Der durch seine körperliche Schönheit ausgezeichnete Monarch, in der kleidsamen Uniform seiner Chevaliergarde, ist auf einem feurig sich aufbäumenden Rosse dargestellt, wie er im Leben an der Spitze eines glänzenden Stabes oft über das Marsfeld mag gesprengt sein!"

Zwischen dem Alexander-Theater, der Bibliothek und dem Annitschkow'schen Palaste am Newsky-Prospekte steht die Colossalstatue Katharina II., ein im Entwurfe wie in der Ausführung sicherlich bedeutendes Werk.

Wenn wir uns recht erinnern, haben Kutusow und Barklay de Tolly, Ersterer der Befreier seines Vaterlandes von der bis Moskau vorgedrungenen französischen Armee, und der unermüdliche Verfolger Napoleons von der Moskwa bis Wilna — vor der Kasan'schen Kirche ihrer würdige Standbilder erhalten. Ein Denkmal Suwarows, des russischen Feldherrn in den Jahren der französischen Revolutionskriege, welchen die Uebersteigung des Gotthard und die Kämpfe im Reussthale allein schon unsterblich machten, befindet sich angesichts der Newa auf dem Marsfelde, und zeigt den Feldherrn in römischer Tracht. Alle drei General-Feldmarschälle sind zu Fuss dargestellt.

Der berühmten Reiterstatue Peters des Grossen an der Newa (nicht zu verwechseln mit jener vor der Ingenieur-Akademie) wird hinsichtlich des dichterischen Gedankens, wie der frischen Art der Ausführung, kein Denkmal den ersten Rang streitig machen. Der Gründer

Petersburgs, den Ausdruck der geistigen Ueberlegenheit und der männlichen Thatkraft auf der Stirne tragend, sprengt einen jähen, mächtigen Felsen hinauf, verkörpernd die Energie, welche kein Hinderniss kennt, und in der Ausführung eines gefassten Entschlusses vor Nichts zurückschreckt.

Wenn wir uns von den erhabenen Eindrücken, welche wir beim Anblicke der Paläste, Kirchen und Monumente Petersburgs in uns aufgenommen haben, zu dem Leben der Strasse wenden, finden wir unser Auge, wenn auch in anderer Weise, aber sicherlich nicht minder, angeregt. Mancherlei Neues, nur im Norden heimisch, fällt uns auf, wie denn überhaupt jede Grossstadt ihre eigenthümlichen Charakterfiguren besitzt, welche ihr ebensosehr als die Bauart, das besondere Gepräge aufdrücken.

Der Lazzarone Neapels, der Gondoliere Venedigs, der Lastführer Londons, wie der Ouvrier in der blauen Blouse des Faubourg Saint Antoine — sind so scharf unterschiedene Gattungen von Individuen, und dabei so lokaler Physiognomie, dass ohne sie gedacht, die Stadt ihr Aussehen förmlich verändern würde.

Nun gibt es zwar überall Droschken und Kutscher, aber der Iswoschtschik Petersburgs ist gewissermassen der Prototyp der ganzen Kutscherwelt und bildet ein Volk für sich. Die Zahl dieser allenthalben gleich gekleideten Rosselenker der Kaiserstadt soll mit Einschluss der zweispännigen Lohnfuhrwerke — wie gegen uns öfters behauptet worden — die beträchtliche Zahl von vierundzwanzigtausend betragen (in Moskau mindestens ebensoviel) und begreift alle Lebensalter in sich, vom sechzehnjährigen Jungen bis zum eisgrauen Sechziger. Im Jahre 1840 sollen es nur etwas über achttausend gewesen sein, seitdem sich jedoch die Bevölkerung Petersburgs gegen damals verdoppelt hat, und gegen siebenmalhunderttausend angegeben wird (in runden Zahlen), vermehrte sich durch das gesteigerte Bedürfniss die Zahl der Lohnwägen um das Dreifache.

Zudem ist dort das Fahren keine Sache des Vergnügens oder des Luxus allein, sondern bedingt durch die ausserordentlichen Entfernungen, welche uns erst klar werden mit der Uhr in der Hand. Plätze, auf welchen Paraden über mehr als fünfzigtausend Mann abgehalten werden, wie Marsfeld und Admiralitätsplatz, — Prospekte in der Länge von mehr als zwei Dritttheilen einer deutschen Meile, deren Ende sich nicht mehr mit dem Auge wahrnehmen lässt, lassen sich auf eine andere Weise nicht mehr schätzen, weil durch die Grossartigkeit der sie einfassenden Rahmen die Anhaltspunkte des Maasstabes der sonst gewohnten Dimensionen verloren gehen. Das grosse Cadetten-Corps in Wassili-Ostrow hat ein Viertheil englische Meile = 440 Yards im Quadrat, und überragt an Ausdehnung der horizontalen Fläche noch jene der Admiralität, der Generalität, wie des Winterpalastes.

Auf diese abnormen Entfernungen gründet sich auch die Sitte des immerwährenden Fahrens, welche selbst die vom Markte heimkehrenden Dienstboten, wie die zur Arbeit verschickten Handwerksgesellen zur Benützung von Iswoschtschik oder Omnibus zwingt.

Der Iswoschtschik hat keine obrigkeitlich fixirte Taxe, keinen Tag, keine Nacht, keine Empfindlichkeit gegen Hitze oder Kälte, kein Bett, worin er schläft. Die Strasse ist seine Heimath. In allen Strassen, auf allen Plätzen, an den Brücken, vor den Bahnhöfen, an den Landungsplätzen der Newa-Quai's ist er so sicher in Menge zu treffen, wie an den entferntesten Promenaden, den Datschen (Villen), und zwar zu jeder Stunde des Tages und der Nacht.

Genügsamkeit ist seine Devise. Er bezieht alle seine, wenn auch geringen Lebensbedürfnisse vom Colporteur der Strasse. Von ihm kauft er den Heubündel für die jedesmalige Fütterung des Pferdes, wie auch sein eigenes Mittagsmahl, schwarzes Brod, rohe Gurken, Johannisbrod als beliebtes Dessert, und lässt sich dazu aus einer weitbauchigen Flasche ein Glas Kwass einschenken, ein billiges Getränk der niederen Classen aus Wasser, Honig, Salz und Schwarzbrod; — Fleisch und Bier genehmigt seine Sparsamkeit nicht. Er schläft auf seinem Bocke, und sieht desshalb auch immer übernächtig und struwelpeterlich aus. Sein niedriger, grober Filzhut ist nach oben tschakoartig ausgeschweift, sein bis auf die Füsse gehender blauer Leibrock, faltig und mit rauhen Schaffellen gefüttert, seine Wadenstiefel, sowie der mehr oder minder abgeschossene rothe Leibgurt, sind stets gleich. Die Caretta, ein Zweispänner, befindet sich nur in Händen der Wohlhabenderen, dagegen ist der Einspänner, — ein dachloser runder Sitz, auf welchem nur zur Noth zwei Personen Raum haben, — eine prekäre Position, und häufig gradezu erbärmlich.

Nirgends wird so rasch gefahren, aber sicherlich auch nirgends so viel gefahren, als in Petersburg. Das Pferd kennt nichts als den schärfsten Trab, und so geben die zahllos an einander vorüberjagenden Gefährte das Bild einer unaufhörlichen Wettfahrt. In andern Städten wehrt der Schutzmann dem allzuschnell Fahrenden, namentlich bei Brücken und Kreuzwegen; in Petersburg treibt der Butschnik (Polizeimann) den Säumigen zur Eile.

Anderwärts muss über Schiffbrücken schon aus technischen Gründen langsam und nur im Schritte gefahren werden; die Petersburger Brücken dagegen, welche (mit Ausnahme der Nikolai-Brücke) nur auf Pontons ruhen, sind, wie es scheint, bedeutend solider construirt. Sie sind so breit, dass, die Trottoirs für Fussgänger abgerechnet, noch fünf Equipagen leicht neben einander vorbeirasen können. Des gegenseitigen Zurufens und Zeichengebens ist kein Ende.

Der Iswoschtschik bietet seine Dienste an, wie sein College in Italien oder anderswo, aber in einer bescheidenen, von der Zudringlichkeit der ersteren sehr verschiedenen Manier. Er nennt seinen Preis, wird aber sogleich von den umstehenden Kameraden heruntergeboten, und dem Wenigstnehmenden, welcher in der Regel auch der Schmutzigste ist, bleibt die Fahrt. Er ist höflich, zieht bei jedem Worte seinen Hut, und betrachtet den Miether des Fuhrwerks für die Dauer der Fahrt als seinen Gebieter. Ein Surplus über das Accordirte wird nicht erwartet, noch weniger verlangt, aber stets acceptirt. Unter seinen verschiedenen Standesgenossen in den Hauptstädten ist er, — wenn auch im Allgemeinen nicht der eleganteste, — aber der leichter zu behandelnde.

Der Herrschaftskutscher ist eine verfeinerte Ausgabe des Iswoschtschiks. Er trägt den gleichen altrussischen Anzug, aber von besseren Stoffen und sehr reinlich. Man sieht unter diesen vollbärtigen Männern des Kutschbockes wunderschöne Leute, und muss die Gewandtheit bewundern, mit welcher sie im schärfsten Trabe sich durchwinden, ohne je an einem Rade zu streifen. Aber es bedarf auch straffer Zügel und der grössten Aufmerksamkeit, das geringste Versehen ist unverbesserlich!

Wo russisch angespannt wird, ist der Kutscher national gekleidet, wenn englisch, trägt er Livrée. Es ist bekannt, dass in Russland Hengste besonders beliebt als Wagenpferde sind, ebenso, dass beim Einspänner über die Gabel ein Bogen geht, und das russische Geschirr, wie alle jene der slavischen Völker und Orientalen sich durch einen Reichthum silberplattirten Schmuckes, herabhängender Riemen und Troddeln auszeichnet.

Für das Auge des Sportsman kann es nichts Entzückenderes geben, als ein vorüberfliegendes, flottes Dreigespann, die „Troika". Hier läuft das Mittelpferd, — ein kräftiger Carossier — in der Gabel, die beiden Aussenläufer, mittelst des verkürzten äusseren Zügels stark abgebogen, dagegen in der Wildbahn und gallopiren fortwährend rechts und links, während der Mittlere nie aus dem schärfsten Trabe fallen darf.

Bei dem Temperamente dieser Pferde, welche nie angespornt, sondern mit Anlegen des Trensengebisses auch meist gehalten werden müssen, dann dem Reichthume der Mähnen, und der bis zum Hufe herabreichenden Schweifhaare ist eine elegante Troika in Wahrheit ein stolzes Bild, und lässt sich denken, was die Corsofahrten in Petersburg, auf den beliebten Promenadenwegen, Alles auf diesem Gebiete dem Pferdefreunde vorzuführen im Stande sind.

Der Omnibus wie der Fuhrmannswagen, überhaupt jedes schwere Lastfuhrwerk hat stets vier neben einander gespannte Pferde.

Wie in den herrschaftlichen Palais das Personal der Küche und Conditorei mit Vorliebe aus Franzosen gewählt wird, so sollen für den Vertrauensposten eines Leibkutschers die Tataren besonders gesucht sein. Wird mit vier Pferden gefahren, so reitet auf dem vorderen Sattelpferde stets ein kleiner Vorreiter von 12 bis 14 Jahren, ebenfalls in russischer Nationaltracht, welche überhaupt von allen mit Stall, Ross und Wagen beschäftigten Personen behalten werden muss. Das männliche Dienstpersonal des Hauses selbst ist dagegen stets in Livrée nach französischem Schnitte und steht unter den Befehlen des Dworezki (Haushofmeisters), welch' letzterer oft ein stattliches Contingent von Köpfen zu commandiren hat.

In natürlichem Zusammenhange mit der Fahrgelegenheit selbst steht Strasse und Weg. Ueber die Vorzüglichkeit der letzteren wird Jedermann ausserhalb der Vorstädte sich zu überzeugen Gelegenheit haben. Gleiches gilt von jenen Strassen, wo die Hauptfahrbahnen mittelst hölzerner sechsseitiger Prismen gepflastert sind. Diese Art von Pflasterung hat bei dem ungeheueren Verkehre, welcher Tag und Nacht unausgesetzt einen unerträglichen Lärmen hervorbringen würde, die grosse Annehmlichkeit, dass sie für die Anwohner geräuschlos, für den Innensitzenden sehr sanft das Gefährte dahin rollen lässt. Bei dem Holzreichthum des nördlichen und mittleren Russlands ist die öftere Erneuerung auch nicht allzu theuer. So ist z. B. der Newsky-Prospekt mit einer doppelten Fahrbahn von Holz versehen, während in der Mitte die Pferdeeisenbahn läuft. Die übrige Strasse ist in ihrer ganzen Breite bis zu den Trottoirs mit grossen Kieseln gepflastert. Wo man jedoch von dem Holzpflaster auf letztere überzugehen gezwungen ist, da möchte dem Fahrenden buchstäblich Hören und Sehen vergehen. Das

Steinpflaster besteht hier nämlich nicht aus sorgfältig eingegrabenen, sondern nur auf die hohe Kante nebeneinander gestellten Kieselsteinen, welche dann mit Sand überdeckt werden. Sowie Regen diesen weggewaschen hat, wird das leichte Fuhrwerk, besonders wenn es pfeilschnell darüber weggeht, bei jedem Steine in die Höhe geworfen. In Kronstadt sind die Fahrbahnen der Hauptstrassen theilweise mit Eisen gepflastert, mittelst dicht aneinander in den Boden getriebener Keile, sehr angenehm zum Fahren, aber weil glatt, für den Fussgänger bedenklich. Wer gleich uns Petersburg im Juni besucht, muss Verzicht leisten auf den Glanz, welchen der kaiserliche Hof, der reiche Adel und die bedeutende Garnison über die weiten Plätze und Prospekte verbreitet, obgleich der Verkehr der Strasse auch ohne diese an Lebhaftigkeit nichts zu wünschen übrig lässt.

Unter den Verkehrswegen Petersburgs spielt die Wasserstrasse der Newa und ihrer Seitenarme nicht die letzte Rolle. Im Sommer sind die Inseln zum grossen Theile für ihre Verbindung mit der Hauptstadt darauf angewiesen, und wer nicht eigene Equipage besitzt, wird unbedingt der kleinen Dampfschaluppe den Vorzug vor dem Iswoschtschik oder gar dem Omnibus geben, welcher letztere sein Publikum nur aus den niederen Ständen zu erhalten gewohnt ist.

Im Winter, wenn die Newa einmal zugefroren ist, und die sämmtlichen Schiffbrücken abgefahren sind, dient ihre weite Eisfläche als die einzige Verbindung für die verschiedenen Stadttheile. Erst mit der Vollendung der prächtigen Nikolai-Brücke zwischen dem englischen Quai und Wassili-Ostrow wurde eine das ganze Jahr über bestehende feste Passage in das Leben gerufen.

In den Sommermonaten ist das Leben auf der Newa in seiner Art weniger originell, als in jenen des hohen Winters, aber immerhin höchst unterhaltend; eine Morgenfahrt auf den kleinen Dampfern, welche alle Stunden von den Inselorten nach der grossen Seite (Petersburg auf dem linken Ufer) abgehen und am Sommergarten anlegen, kann auch für schon verwöhnte Leute als ein Vergnügen gelten, da die Aussichten fortwährend wechseln, wie die ab- und zugehende kleine Reisegesellschaft.

Diese für den Verkehr zwischen den Stadttheilen und Inseln bestimmten Dampfer sind nicht gedeckt, und bieten für höchstens dreissig bis vierzig Personen Raum. In der Mitte steht die Dampfmaschine von der Grösse eines Kochofens, das ganze Personal beschränkt sich auf zwei Köpfe, den Steuermann und Heizer. Verschiedene Plätze gibt es selbstverständlich in diesem kleinen Raume nicht, der einfache Brettsitz ist für alle Passagiere gleich, wie die herrliche Morgenluft von jedem mit dem gleichen Hochgenusse eingeathmet wird.

Fahren wir z. B. von den Datschen Krestowsky's auf dem schmäleren Arme, der diese Insel von Yelagin trennt, weg, so liegen links von uns die schönen Baumgruppen dieser Petersburger Lieblingspromenade; sobald wir dann in die kleine Newka einbiegen, begleiten uns links die mannichfaltigen Landsitze von Kamenoi-Ostrow, rechts die reizenden Sommerwohnungen der Apothekerinsel. Uebergehend auf das bereits mächtige Gewässer der grossen Newka, begrüssen uns die schon stattlichen Gebäude der Wiborg'schen Seite; in der Nähe des Feuerwachtthurmes legen wir zum zweiten Male an, geben Passagiere ab gegen andere, wenden sofort, um, über den breiten Strom setzend, bei der grossen Caserne der Petersburger Seite dasselbe zu thun.

Wo unser Boot dann aus dem bisherigen Seitenarme in den Hauptstrom, die grosse Newa, eintritt, bietet sich ein Anblick, welcher, wenn auch öfter schon genossen, stets wieder durch seine Grossartigkeit neu überrascht.

Der ganze Quai der grossen Seite, vom taurischen bis zum Winterpalaste breitet sich mit einem Male vor unseren Blicken aus, eine fast unabsehbare Reihe von Palästen, welche sich gegenseitig zu übertreffen suchen, entwickelt sich mehr und mehr, so dass wir mit Bedauern gewahren, wie unsere pfeilschnelle Dampfschaluppe, — allzu rasch für den herrlichen Anblick, — dem jenseitigen Ufer, der Treppe am kaiserlichen Sommergarten sich nähert. Die zurückgelegte Strecke mag in Folge der Krümmungen zwei Wegstunden betragen haben, allein die dreissig Minuten, welche wir dazu brauchten, flogen wohl schneller vorüber, als wir es wünschen mochten.

Auf der Newa besteht eine eigene Strompolizei. Oft begegnet man einem kleinen Kahne mit zwei Ruderleuten in der Matrosentracht und einem Polizei-Beamten, welcher nach Gutdünken den Dampfer halten lässt, einsteigt, die, wenn auch kleine Schiffsmannschaft — Steuermann und Heizer — mustert, an den Aus- und Einsteigepunkten die Rapporte seiner Untergebenen einnimmt, und ebenso beliebig sein Boot besteigend, den Dampfer wieder verlässt.

Während unserer Anwesenheit zu Petersburg, welche in den Monat Juli des verflossenen Jahres fiel, war der Hof, wie aus den Zeitungen bekannt, mit geringen Ausnahmen im Auslande. Die sämmtlichen

Regimenter des in Petersburg stehenden Garde-Corps befanden sich im Lager von Krasnoë-Sselo concentrirt. Um diese prächtigen Truppen in grösseren Abtheilungen vereinigt zu sehen, war mithin dieser Monat ungünstig gewählt, soferne nicht der Besuch des Lagers selbst, dessen Hauptquartier Krasnoë - Sselo mittelst Eisenbahn in weniger als zwei Stunden erreicht wird, ins Werk gesetzt werden wollte, aber ein nicht uniformirter Zuschauer spielt bei Manövern überall eine so traurige Rolle, dass er um diese alte Erfahrung neu bestätigt zu sehen, nicht einige hundert Stunden weit zu reisen braucht, und in der Residenzstadt selbst seine kostbare Zeit besser verwenden kann.

Die Krasnoë-Sselo-Bahn ist eine Abzweigung der Peterhofer Bahn, welche in einer Länge von 38 Werst die Residenzstadt mit den Schlössern Peterhof und Oranienbaum verbindet. Bei der Station Ligowa verlässt das Geleise nach Krasnoë-Sselo die Hauptbahn. Es ist 12 Werste lang, — wurde 1859 eröffnet, und ist im Besitze der Peterhofer Eisenbahngesellschaft, obgleich die fragliche Bahnstrecke vorherrschend militärischen Zwecken ihre Entstehung verdankt.

Es schien, dass in Abwesenheit der eigentlich ständigen Garnison aus den zahlreichen Regimentern des Garde-Corps, — Infanterie-Regimenter der Linie die einzigen in der Hauptstadt anwesenden Truppenkörper waren.

Was wir in Abtheilungen hievon begegneten, waren meist kleine, blonde Leute, stramm in Haltung, sehr gut gekleidet, im dunklen, russisch-grünen Waffenrocke, weiten Pumphosen von weisser Leinwand in Wadenstiefeln, und Tuchkäppis französischen Schnittes, mit kleinen herabhängenden schwarzen Rosshaarbüschen. In einzelnen Individuen war dagegen die ausmarschirte Garnison auf der Strasse immerhin reichlich vertreten, namentlich konnte man Offizieren jeder Waffe und jeden Ranges, zu Wagen und zu Fuss zahlreich begegnen, meistens schöne militärische Gestalten, elegant uniformirt und reich decorirt, wie es der Glanz eines kaiserlich russischen Corps der Garde erwarten lässt. Die Gradauszeichnungen befinden sich wie bei dem Heere des nunmehrigen deutschen Reiches auf den Epauletten und Feldachselstücken, wenn auch mit einigen Modificationen.

Da begegnete man Generalen in glänzenden Equipagen, dann Offizieren der Garde-Kosaken, dann der Garde-Dragoner im Raupenhelme mit hinten herabhängendem rothem Tuchbeutel, ebenso solchen der finnischen Scharfschützen (in welchen das Grossfürstenthum ausschliesslich sein Contingent stellt) — des Paulow'schen und Preobrasensk'schen Garde-Regiments u. s. w., so dass die Residenz desshalb noch immer als in militärischer Beziehung verwaist nicht betrachtet werden konnte, wenn auch der malerische Anblick, welchen grössere, unter militärischer Musik vorüberziehende Truppenkörper auf den prächtigen breiten Avenuen Petersburgs machen müssen, wegfiel. Am häufigsten vertreten war die Marine, deren Truppen, abweichend von der ziemlich annähernd gleichen Uniformirung der übrigen europäischen Truppen zur See, weisse Mützen tragen.

Militär-Capellen hatten wir nur zweimal Gelegenheit zu hören, die Blechmusik eines Infanterie-Regiments und jene einer Abtheilung der Flotte, welche sich gegen Entrée produzirten.

Auch ohne das Gewühl der herrschaftlichen Equipagen, der Droschken, der schweren Lastwägen und regulär fahrenden Omnibus, auch ohne die Buntfarbigkeit der Militär- und Civil-Uniformen (die Schüler der höheren Lehranstalten, Latein- und Realschulen, Gymnasien sind alle uniformirt, dunkelblau mit kleinen Stickereien an Kragen und Mütze), welche sich durch die flottirende Menge drängen, bietet sich dem Flaneur eine reiche Ausbeute, soferne er den verschiedenen prächtigen Auslagen der Magazine, den Passagen und Kaufhäusern, bis hinab zu den schwimmenden Fischbuden und Holzmassen auf der Fontanka seine Aufmerksamkeit schenkt.

Die schönsten und geschmackvollsten Läden besitzt wohl der Newsky-Prospekt in seinem elegantesten Theile, vom Admiralitätsplatze. bis zur Annitschkow'schen Brücke, welche letztere mit colossalen Bronze-Gruppen, vier Pferdebändigern in stets andern Stellungen geschmückt ist. Bis hierher ist auch die lohnendste Promenade und gestatten die besonders breiten Trottoirs ohne fortwährende Belästigung die ausgestellten Schätze in Augenschein zu nehmen, eine Unterhaltung, welche dem Fremden z. B. in London sehr verkümmert und durch das Achselklopfen des Polizeimannes in den engen Strassen der City unmöglich gemacht wird.

In den Schaufenstern der Läden sind fast überall die Preise der ausgestellten Gegenstände angegeben, und wer nicht gezwungen ist, Einkäufe zu machen, kann es nur sehr amüsant finden, die Petersburger Anschauung über den Werth eines Rubels — (1 Silberrubel = 1 Thaler 2 Groschen 6 Pfennige preussisch = 1 Gulden vierundfünfzig Kreuzer süddeutsch, oder 3 Mark fünfundzwanzig Pfennige neuer deutscher

Reichswährung) — gegenüber dem eines Thalers oder gar Guldens in Deutschland zu vergleichen. Der einfachste runde Filzhut, welcher in Frankfurt oder München sechs Gulden kostet, ist hier mit sieben bis neun Rubeln angesetzt, in gleicher Weise Handschuhe und namentlich Herrenkleider aller Rubriken. An der Spitze stehen die feineren Pelzwaaren, welche wirklich zu einer auffallenden Höhe getrieben sind, obgleich die arktische und nördliche Zone Russlands, — vermittelt durch die berühmten Messen in Nischnei-Nowgorod, grade diese Artikel in Menge liefert. Was nur der Luxus in Meublements, Goldwaaren, Brillanten und sonstigen Erzeugnissen der Joaillerie, Arbeiten in Malachit, Alabaster, Bronze und Glas, in Kupferstichen und Photographien erdenken und wünschen kann, ist vorhanden und findet sein kaufendes Publikum in dem Adel und der reichen Kaufmannschaft Petersburgs, wo allerdings um den Preis nicht gemarktet wird, und die in den sieben Farben des Regenbogens spielenden „Hundert-Rubel-Noten" wie kleine Münzen cursiren.

Zwischen der kleinen, von Andächtigen stets umlagerten Kapelle, gegenüber der armenischen Kirche und neben dem Gebäude der kaiserlichen Bibliothek, steht der Gostinoi-Dwor, ein grosses Trapezoïd, wo sich unter einfachen Arkaden Laden an Laden reiht, welche jedoch in Hinsicht auf Raum und Eleganz hinter den übrigen Magazinen des Newsky-Prospektes zurückstehen. Hier sind die Kaufleute und Detaillisten, welche dem Mittelstande seine Bedürfnisse liefern, Gegenstände der Damen-Toilette, Stoffe, Saffian und Juchten, Stickereien, Kirchen-Paramente, Heiligenbilder in getriebenem Metall, vergoldet und versilbert, aber stets mit platten, gemalten Gesichtern (die russisch-griechische Kirche verpönt bekanntlich die Darstellung Christi und der Heiligen in vollständiger Plastik); daneben Ausstellungen von militärischen Equipirungsstücken, vergoldeten Helmen, Kürassen, Epauletten, Orden aller Classen u. s. w.

Hat man diesen Bazar in seinen Hauptseiten und Mittelgängen durchstreift, so gelangt man gleich dahinter unvermerkt in den Apraxin-Ruinok, welcher in ebenfalls langen Reihen von einzelnen Verkaufslokalen seine minder wohlgefälligen Artikel ausbreitet und sich endlich in einen Trödelmarkt verliert, welcher — abgesehen von den charakteristischen Costümen der hier sich umtreibenden Bevölkerung — von den Stapelplätzen des alten Plunders anderer Grossstädte nicht unterschieden ist.

Auf der Fontanka, dem breiten, ebenfalls graniteingefassten Newa-Arme, welcher beim Sommergarten beginnt, in einem weiten Bogen die Admiralitätsseite durchschneidet, und am Westende derselben, unfern des Ausflusses der Newa in den Finnischen Meerbusen sich erst mit dieser wieder vereinigt, liegen zahllose Schiffe, welche den colossalen Bedarf an Brennholz der Hauptstadt zuführen. Dieselben sind gleichmässig bis zur Höhe eines Stockwerks mit bereits geschnittenem Fichtenholze bedeckt, so dass nur noch der Schiffsrand über Wasser bleibt.

Wie gross der Verbrauch an Brennholz in Petersburg sein mag, lässt sich beim Anblicke dieser Massen erst erwägen, wobei nicht ausser Acht zu lassen ist, dass die Kälte dort fünf Monate ohne Unterbrechung währt, mit zwanzig Grad oftmals längere Zeit andauert, auch mitunter bis zu dreissig Grad steigt, und desshalb die Gewohnheit herrscht, mittelst mächtiger holzverschlingender Oefen, nicht nur die Reihen der hohen Salons und Zimmer, sondern zugleich alle Stiegenhäuser und Gänge, fortwährend hoch temperirt zu erhalten.

Die Beischaffung des Materials und die Unterhaltung der Feuerung beschäftigt unausgesetzt in den grossen Häusern mehrere Personen, und zwar ausschliesslich.

Im mittleren Durchschnitte stellt sich grössere Kälte Anfangs November ein, so dass das Feststellen des Eises in der Newa auf die Mitte dieses Monats fällt, und erst mit der ersten Hälfte des Aprils der Eisgang und das Offenwerden des Stromes als normal angenommen werden kann.

Zwischen den mit Holz beladenen Schiffen liegen wieder andere, auf welchen die Fischhändler ihre reichen Vorräthe aufgeschichtet haben. Wer es über sich gewinnt, von dem oft unerträglichen Geruche Umgang zu nehmen, findet hier eine stattliche Versammlung von Delicatessen, unter andern den vielversprechenden Sterlet, den geräucherten Sik, den kurzfaserigen Soudak, und wie die wohlschmeckenden Newabewohner, welche um die Gunst des Kauflustigen rivalisiren, alle heissen mögen. Die nordischen Gewässer sind es vorzüglich, in welchen die edelsten Fische und in den meisten Arten gedeihen, und stehen zweifelsohne weit über der Ausbeute, wie sie an Qualität und Menge das Mittelmeer gibt!

Daher wohl auch der Uebermuth, in Petersburg den von uns so werthgeschätzten Hecht, welcher, wenn auch nicht bei Galadiners, wo der Salm dominirt, doch auf jeder feinen Mittagstafel gern gesehen wird, unter die „gemeinen“ Fische zu zählen!

In Wassili-Ostrow, nahe der Börse, findet der Liebhaber von Singvögeln Gelegenheit, für sein Zimmer solche bedauernswerthe Gefangene zu acquiriren, zu gleicher Zeit jedoch auch eine reiche Auswahl von Affen, Papageien, Kakadus, Inseparables u. s. w. Es ist ein eigenthümlich wehmüthiger Anblick, diese geflügelten Kinder der Tropenländer im Scheine der Junisonne so unbefangen in ihren Käfigen hüpfen zu sehen, ohne Ahnung, welche eisige Schneewinde und Nordlandsstürme in wenigen Monaten das Heimweh ihrer kleinen Herzen nach Brasilien, Patagonien oder Neuseeland wecken werden! Vom La Plata zur Newa! Ihr armen Geschöpfe!

Neben den langen Budenreihen des Gostinoi-Dwor und seinen Dependenzen treibt sich ausser den Verkäufern in festen Läden noch eine Unzahl von Colporteuren, grossentheils halberwachsenen Jungen umher, welche, meistens auf einem umgehangenen Brette, ihren kleinen Vorrath feil bieten, oft auch gleich auf dem Strassenpflaster zur Auswahl ausgebreitet haben. Man muss sich wirklich in Acht nehmen, bei dem fortwährenden Ausweichen, nicht dem Einen oder Andern seine Sachen zu zertreten. Wer im Vorübergehen nur einmal einen mehr als gleichgültigen Blick auf den Gegenständen ruhen lässt, kann sicher sein, dass der hoffnungsschwangere Besitzer, wie auch der zweite und dritte nebenan sofort beginnt, seine Waare anzupreisen, und so pflanzt sich's durch die ganze Reihe fort. Seifen, Chokolade, Schnur und Knöpfe — wiederholen sich so oft, dass nur zum Verwundern ist, wie der Einzelne überhaupt zum Verkaufe gelangen könne.

Tische mit mürbem Brode finden sich dort ebenfalls über Bedarf, daneben werden in dem nordischen Petersburg Apfelsinen so häufig angeboten, dass man sich nach Italien versetzt halten könnte. Diese Südfrucht ist für hier verhältnissmässig nicht einmal theuer zu nennen, und verdankt diesen relativ niedrigen Preis, wie wir belehrt wurden, nur dem Transporte zu Wasser, wo bei den grossen Quantitäten die Fracht des einzelnen Stückes sich auf einen unendlich kleinen Bruchtheil reduzirt, obgleich ein jedes den „kleinen Umweg“ durch die Strasse von Gibraltar, den britischen Canal und den Sund bei dieser Transportart zurücklegen musste!

Wie der Russe überhaupt aufgeweckt und vorzugsweise in Handelsgeschäften lebhaft ist, so wissen diese jungen Kleinkrämer einen solchen Wortschwall an den Passanten zu verschwenden, und dabei dem „Niemetz“ (auf russisch eigentlich der „Stumme“, worunter vorzugsweise der Deutsche begriffen wird) mit Abzählung an den Fingern den Preis zu verdeutlichen, dass man unwillkührlich an die braunen Jungen der Chiaja Neapels denken muss. Hat man Etwas ausgewählt und ist handelseinig, so fährt er dann hastig nach seinem Stiefel, wo regelmässig in einem couvertartig zusammengelegten Papier das kleine Betriebscapital aufbewahrt ist, zieht es hervor, um herauszugeben, oder die erbeuteten paar Kopeken mit triumphirendem Blicke auf seine neidig blickenden Kameraden aufzubewahren. (Dazu bedarf er nicht einmal der Rechenmaschine, wie sie jeder Petersburger Verkäufer vor sich stehen hat, was mehr ein Gegenstand der Ladeneinrichtung als des wirklichen Bedürfnisses sein mag!)

An Genügsamkeit steht der kleine Colporteur wohl noch über dem Iswoschtschik, da er sicher weit weniger als dieser verdient. Es mögen Wochen vergehen, bis er etwas Warmes zu sich nimmt. Die kleine Salzgurke, welche in Petersburg von der geringen Classe in Massen consumirt wird, zu deren Aufbewahrung *en gros* ganze, weite Kellerräume vermiethet sind, bildet wohl auch seine Hauptnahrung. Wo diese Tausende des Nachts eine Unterkunft finden, weiss der liebe Gott und die Polizei allein, soviel ist jedoch gewiss, dass Keinen von Allen ein Bett erwartet, welches der gemeine Russe ohnedies nicht zu schätzen weiss, und sich ausschliesslich mit einem grossen Schaffelle begnügt.

Es wurde uns erzählt, dass die Abhärtung von Jugend auf bei diesen Leuten eine so allgemeine sei, dass z. B. die Hausknechte gar nicht anders wissen, als quer an der Hausthüre liegend, die Nacht zu verbringen, und auf den Steinplatten vielleicht besser schlafen, als ihr fürstlicher Gebieter im schwellenden Himmelbette. Möglich, dass auch ein Gläschen des beliebten gebrannten Wassers vor dem Niederlegen das Seinige beiträgt, des Tages Mühen und des Granits Härte desto schneller vergessen zu können! Nun, wenn auch der Genuss des köstlichen Allasch versagt ist, der Wotki macht die gleiche Wirkung und trägt hinüber in das Reich seliger Träume.

Der Newsky-Prospekt mit seinen fortwährenden Abwechslungen ist für den Fremden eigentlich so fesselnd, dass es eines gewissen Entschlusses bedarf, um dieses Centrum grossstädtischen Lebens zu verlassen, und seine Schritte nach anderen Promenaden zu wenden. Da bietet sich u. A. der englische Quai, an dessen prachtvollen Palästen man vorübergehen mag, um sich recht klein und unbedeutend vorzukommen, der Wosnosenski'sche Prospekt, ebenso die grosse

Gartenstrasse, welche sich in endlose Fernen zu verlieren scheinen, — immer jedoch wird man mit besonderer Vorliebe auf den Newsky-Prospekt zurückkehren, welchen die Pariser Boulevards an ihren schönsten Stellen wohl an Lebhaftigkeit des Verkehrs, aber nicht an Grossartigkeit erreichen.

Unterhaltend ist es auch, das Newa-Ufer oberhalb des taurischen Palastes aufzusuchen, wo an den Lagerhäusern die zur See kommenden und abgehenden Waaren aus- und eingeladen werden. Endlich empfiehlt sich ein Spaziergang zum berühmten Mannskloster Alexander-Newsky, auf dessen Kirchhof der höchste Adel und die Grosswürdenträger des Reiches ihre Begräbnisstätte finden.

An Reichthum der hier hart nebeneinander gedrängten Grabmonumente und vornehmen Namen wird ihn kein zweiter übertreffen, wie andrerseits der Pariser Père-Lachaise durch dort ruhende Männer der Wissenschaft und seinen prachtvollen Ueberblick auf das grossartige Häusermeer, — das campo santo Pisa's durch seine imposanten, von Ocagna's Pinsel geschmückten Arkaden, den ersteren wieder überragt.

Wie anspruchslos ist dagegen der Raum an der Cestus-Pyramide zu Rom, wo unter dem üppig wuchernden Strauchwerke des Südens der deutsche Landsmann sein Grab findet!

Eine Eigenthümlichkeit, welche den Newsky-Prospekt auszeichnet (obgleich sie in geringerer Anzahl auch in anderen Strassen sich findet), sind die von Brettern leicht gezimmerten Schutzdächer, welche fast von jeder Hausthüre quer über das breite Trottoir zur Strasse führen, damit bei schlechtem Wetter trockenen Fusses und Hauptes in den Wagen gestiegen werden könne. Neben diesem Hauptzwecke benützen die Inwohner das Schutzdach noch, auf den drei Seiten ihre Firmen in möglichst grossen, meist goldenen, rothen und schwarzen Buchstaben anzubringen, und da alle die verschiedenen Laden- und Geschäfts-Inhaber um nicht in den Hintergrund gedrängt zu werden, das Gleiche thun müssen, sind die Häuser derartig mit allerlei Firmen und Namen ausstaffirt, dass dem der russischen Sprache Unkundigen dieses Gewirr fremder Buchstaben als gänzlich unverständlich erscheint, — sofern er ohne Kenntniss der Hausnummer — Jemanden nach dem Namen suchen wollte.

In Schweden und seiner Sprache findet man sich — gegenüber Russland — leicht zurecht; — dort wird sich der deutschen, wie auch der lateinischen Lettern bedient (meist der letzteren, obgleich auch in ersteren Zeitungen gedruckt werden). Man ist doch im Stande, die Worte zu lesen, sich einzuprägen und, wenn auch mit fehlerhafter Aussprache, wiederzugeben.

Anders auf russischem Gebiete, wo ein unser deutsches Alphabet weit übersteigender Buchstabenreichthum existirt, welche zwar meistens dem Altgriechischen entnommen, hier oft eine ganz veränderte Bedeutung zugewiesen erhielten. Der deutschen Zunge, welcher doch in der Muttersprache bisweilen harte Aufgaben gestellt werden, wird es mühsam, russische Worte, wo oft sechs hintereinander gestellte Consonanten auf einen Vocal kommen, nachzusprechen, während der Eingeborene diese tsch, tz, nsk u. s. w. mit einer grossen Leichtigkeit von sich gibt, und die Härten einfach fallen lässt. Z. B. der nach deutscher Leseart mit pflichtmässig-deutscher Aussprache aller Buchstaben hart lautende Namen der Gouvernementsstadt

„Pskow“ wird im russischen Munde zu einem flüssigen „Skô“!

Ohne die Vermittlung der in Petersburg, wie auch in Moskau, wohnenden zahlreichen Landsleute wäre es mithin dem Deutschen in Russland sehr erschwert, da Monate erfordert werden, um richtig zu lesen, und mehrere Jahre dazu gehören sollen, sich das Russische bis zur Fähigkeit einiger Conversation und Correspondenzführung anzueignen.

Der Wortreichthum der russischen Sprache wird als ein sehr bedeutender bezeichnet, ebenso als deren Hauptzüge „Einfachheit und Natürlichkeit“. Die Verbindung der Sätze soll leicht sein, indessen die Anlage zu verschiedenartiger Verbindung schwieriger, Declination und Conjugation der der übrigen slavischen Sprachen analog.

In den höheren Kreisen wird mit besonderer Eleganz das Deutsche und Französische gesprochen. In den grösseren Kaufmagazinen finden sich allenthalben einzelne Persönlichkeiten, welche der beiden oben genannten Sprachen mächtig sind, dagegen kam es mir vor, dass ich in einigen Verkaufsläden des Gostinoi-Dwor wieder unverrichteter Dinge abziehen musste, weil die deutsche, wie französische Ansprache, womit ich mich einzuführen suchte, nur in Achselzucken und unverständlichen Worten Erwiderung fand.

Aber wie die Noth beten lehrt, so lehrt sie auch russisch, und unter den verschiedenen Deutschen, welche dort eine zweite Heimath gefunden haben und ihren materiellen Wohlstand begründeten, haben die Jahre wohl allmählich die Schwierigkeiten gehoben.

Der tägliche Verkehr mit seinem unerbittlichen

„Muss“ löst manchen Knoten, welchen die nüchterne Grammatik ungelöst lassen würde!

Wir würden uns einer nicht entschuldbaren Versäumniss schuldig machen, wollten wir nicht auch des Petersburger Sommers und der sich diesem anpassenden Lebensweise Erwähnung thun, da sich hieran mit unsere schönsten Reise-Erinnerungen knüpfen.

Wir meinen die italienischen Nächte an der Newa!

Mit der Metapher „italienische Nacht“ wird eigentlich in der Jetztzeit hinreichend Missbrauch getrieben, um in der Anwendung derselben vorsichtig zu sein, und nicht eine andere Vorstellung, als beabsichtigt, hervorzurufen. Es sei desshalb hier im Voraus bemerkt, dass wir hiemit nicht die frostigen Sommer-Abende auf einer oder der anderen Hochebene Deutschlands verglichen wissen wollen, wo ein Publikum pêle-mêle durch rosenrothe Plakate sich verlocken lässt, beim Scheine einiger an den Bäumen aufgehängter Papierlaternen sich den Magen zu verkälten.

Die Sommernächte Petersburgs, wie überhaupt des Nordens, verdienen die Bezeichnung „italienische“ im wahren Sinne des Wortes. Allerdings nur in einer beschränkten Dauer, in jenen zwei ein halb bis drei Monaten, innerhalb welcher sich der Sommer, aber auch in seiner ganzen Macht, fühlbar macht, in welchen die heisse Jahreszeit den Thermometer selbst in den Morgenstunden nicht leicht unter 15° (Celsius) fallen lässt, und von einer eigentlichen Nacht, — jener Finsterniss, die als keines Menschen Freund gilt, — überhaupt keine Rede ist.

Wie im Winter das Leben und Treiben der Grossstadt sich hauptsächlich auf die Prospekte, die Quais und die gefrorne Newa selbst concentrirt, so strömt mit

Beginn des Sommers Alles, was einigermassen Herr seiner selbst ist, nach der Peripherie, nämlich jenen ländlichen Ansiedlungen, welche meist nördlich und südwestlich die Stadt umgebend, ausschliesslich für die Petersburger Sommergäste zum „seligen Vergessen“ geschaffen worden, und mittelst des lauen Lüftchens der baltischen See, und des aromatischen Hauches der Tanne und des Wachholders die aufgeregten Nervensysteme der Hauptstadtbewohner beruhigen sollen.

Der reiche Adel verlässt ungefähr zu gleicher Zeit mit dem Hofe die Residenz, bei Beginn der heissen Tage seine prächtigen Villen in Zarskoje-Sselo oder längs der Peterhof'schen Küstenstrasse aufzusuchen. Wer jedoch in diesen Hofatmosphären kein Besitzthum hat, oder wem die Berufsgeschäfte nicht gestatten, sich mit dem Beziehen eines Landsitzes auch von jeder Thätigkeit in der Stadt frei zu machen, trachtet dennoch für die wenigen Sommermonate eines von jenen vielen hölzernen Landhäusern zu miethen, welche in reizender Unregelmässigkeit über die Newainseln ausgeschüttet sind.

Diese Newainseln, im Winter finnisches Schneefeld, im Sommer ein Paradies von mindestens der Quadratfläche einer deutschen Meile, sind schon aus diesem Gesichtspunkte in ihrer Art so eigenthümlich, dass die gewöhnlichen Parks in Gegenden, wo die Natur das Meiste selbst geschaffen, dahinter zurückstehen müssen.

Allerdings verzichten wir auf Anhöhen, von welchen künstliche Ruinen herabschauen, auf Cascaden, welche in glücklicher Benützung, anscheinend ungezwungen herniederrauschen; dagegen finden wir hier, wie nirgends mehr, drei mächtige Ströme, Arme der Newa, welche unter dem Namen der Kleinen Newa, der Kleinen und Grossen Newka, in stiller Majestät ihre reichen, klaren Wassermassen, welche der Ladogasee schickt, zwischen diesen weitausgedehnten Waldgruppen und Wiesenplanen vorüberrollen. Zahlreiche elegante Brücken verbinden die Ufer, riesige Eichen, Ulmen und Buchen, wie sie sonst im Norden nicht gedeihen, wiegen ihre Zweige über dem Rande träumerisch versteckter Waldseen, — Blumenboskets, sorgsam gepflegt, — sind allerwärts in die grünen Wiesenflächen eingestreut.

Die Hunderte von Reit-, Fahr- und Fusswegen, über welchen sechs bis sieben Monate des Jahres eine schuhhohe Schneedecke liegt, und auf welchen bei Hochwasser und Eisgang alljährlich wuchtige Schollen sich ablagern, sind mit Beginn des Sommers, allerdings mit grossen Kosten und durch die Arbeit Tausender von fleissigen Händen, überraschend schnell in den Zustand, welchem das Prädikat „vorzüglich“ zuerkannt werden muss, versetzt.

Die Unterlage dieser Wege, welche durchgehends aus in Beton eingelassenen Steinen bestehen soll, und mit einer Lage feinen Sandes überworfen ist, lässt nirgends ein Geleise aufkommen, und wo ein Grashälmchen darauf zu spriessen versucht, wird solch' frevles Beginnen schnell vereitelt.

Alle Fahr- und Fusswege, Prospekte, Rondelle und Ausbiegungen, sind auf beiden Seiten, — etwa von je zwei zu zwei Arschin (Ellen) — mit niedrigen, stets weiss angestrichenen Pflöcken markirt, was sich von dem nordischen Saftgrün der Wiesen, wie man es nur in Schweden und England wiederfindet, dem Auge wohlgefällig abhebt. Am frühesten Morgen sind schon alle Wege frisch gerecht, und macht das Ganze den Eindruck eines mit fleissiger Sorgfalt zusammengeräumten Puppenzimmers, welches jedoch zufällig eine Quadratmeile gross ist.

Auf diesen grossen Inseln nun, welche mit ihren Parks sich direkt an die nördlichen Stadttheile anschliessen, so dass die langen Strassenzeilen Wassili-Ostrows und der Petersburger Seite sich unbemerkt in ihren, theilweise unabsehbaren Durchsichten verlieren, haben sich, — meist an den Ufern, reizende kleine Colonien ein wenn auch vergängliches Dasein geschaffen.

Idealisirte Variirungen des schwedischen Bauernhauses, der Blockhütte aus Balken und Brettern, auf schwedische Art roth, die Dächer dagegen hellgrün angestrichen, mit epheuumwachsenen Veranden und mächtigen, meist weiss und rothen Vorhängen und Marquisen aufgeputzt, laden zu idyllischer Seelenruhe und dem *dolce far niente* ein, wie es die gefeierten Villen auf dem Felsengestade Sorrents nicht besser vermögen.

Schön tapezirte Räume, blumengeschmückte Altane, Hintergebäude für Dienerschaft, Unterkunft für Pferde und Wagen, der nie fehlende Eiskeller, schaffen städtischen Comfort, welchem die Badehütte in der Newa, die frische, feuchte Luft des nahen Meeres, und das Aroma des allseitigen Waldes hier noch höheren Werth verleihen.

Für Verbindungen mit der Stadt selbst ist auch für Jenen reichlich gesorgt, welchem nicht die Annehmlichkeit der eigenen Equipage vergönnt ist. Zahlreiche kleine Dampfboote, wie oben bemerkt, die empfehlenswertheste Gelegenheit, regelmässig fahrende vierspännige Gesellschaftswagen, wie allerweges in den Orten Petrowsky, Krestowsky, auf Yelagin, in Kamenoi-Ostrow, in Nowaja- wie Staraja-Derewnia, Tag und Nacht haltende Droschken erleichtern den Verkehr mit dem wohl eine Stunde entfernten Centrum der Metropole, und lassen dem Petersburger, welcher wie nur irgend Jemand das Geheimniss, gut und fein zu leben, in seiner Tiefe ergründet hat, in seinem comfortablen Bretterhause nichts vermissen.

Von den etwa vierzig Inseln des Newadelta's, deren die Stadt Petersburg selbst einen Theil für sich in Beschlag genommen, mit Palästen und Häusern überdeckt hat, sind nur die oben genannten fünf die eigentlichen Garteninseln, und werden im Munde des Petersburgers kurzweg als die „Inseln" bezeichnet. Die übrigen, obgleich noch alle zum Weichbilde der Stadt gehörend, sind mit geringen Ausnahmen gänzlich unbekannt, und dem Zustande vollkommener Wildniss überlassen.

In einer Hinsicht jedoch theilen alle, sowohl die in reizende Parks umgewandelten, wie die gänzlich unkultivirten, ihrer niedrigen Lage wegen das gleiche Geschick, nämlich die in jedem Winter fast unvermeidliche Gefahr der Ueberschwemmung. Hiezu bedarf es keines besonderen Naturereignisses, wie in den Alpengebieten und deren Vorbergen, keines plötzlichen Schmelzens ausserordentlicher Schneemassen, über welche der Föhn vernichtend seinen warmen Hauch sendet, sondern nur eines starken Sturmwindes aus Nordwesten.

Aus diesen Gründen sind auch die meisten Gebäulichkeiten nur leicht aufgeführt und einer häufigen Erneuerung bedürftig. Das Bretterhaus der Inseldörfer beansprucht einen erheblichen Reparatur-Conto. Wo tage-, vielleicht wochenlang das Wasser in Zimmern und Gängen des Erdgeschosses stehen geblieben, da finden sich mit Beginn des Frühjahrs die Fussböden vermodert, nicht minder die Tapeten erweicht und farblos, der Anstrich unscheinbar geworden.

Das vielseitige Handwerk, welches bei den Petersburger Preisen ohnedies schon einen „goldenen Boden“ sein eigen nennen kann, findet dort für seine Thätigkeit ein ausgedehntes Gebiet — und in wenigen Wochen prangt Alles wieder „*in statu quo ante*“, so dass es wie ein Mährchen klingt, es habe in den wohnlichen Räumen, wo jetzt der Duft eines reichen Blumenflores sich mit dem Aroma der Punsch-Bowle mischt, vor wenigen Monaten ein faulendes Gemisch von See- und Flusswasser den Boden bedeckt.

Und nun erst eine helle Juninacht am Strande der grossen Newka, zu Staraja-Derewnia! Wir sitzen in einem kleinen Kiosk des Gartens hinter dem Wohnhause, dicht zu unsern Füssen ziehen die klaren Fluthen, nur mässig sich beeilend, dem Finnischen Meerbusen zu. Auf der gegenüberliegenden Insel Yelagin reihet sich Equipage an Equipage, grade weit genug von uns, um das unbewaffnete Auge noch die Innensitzenden unterscheiden lassen zu können. Sie fahren alle in einer Richtung seewärts — der beliebten „Pointe“ — der äusserst gelegenen Spitze der Insel zu, um dort die Sonne ins Meer tauchen zu sehen, und auf der andern, der südlichen Seite, wieder zur Stadt zurückzukehren.

Es muss neun Uhr vorüber sein, da wir die Gendarmerie-Patrouille vorbeireiten sehen, welche sich um diese Stunde regelmässig dahin begibt, die Ordnung unter den Wagen, welche stets Reihe halten müssen, bewirken zu können.

Einzelne Grönländer Boote mit eleganten Ruderern in gestreiften Tricots, Mitgliedern des Yachtklubbs, schiessen vorüber, Kähne voll jugendlicher Sängerinnen, welche in hohem Discant eigenthümlich klingende russische Weisen vortragen, unserm Ohr ganz ungewohnt, schaukeln vorbei, und lassen uns vergessen, dass wir uns unter dem sechzigsten Breitengrade, mithin in gleicher Entfernung mit der Südspitze Grönlands vom Nordpole, befinden.

Unbemerkt fliegen die Stunden vorbei.

Die Sonne ist hinab ins Meer gesunken, im Nordwesten steigen in bleifarbigem Grau die Höhen Finnlands daraus empor, kein Lüftchen kräuselt die blaue Fluth, eine wundervolle Temperatur, wie sie angenehmer nicht gedacht werden kann, verscheucht jeden Gedanken an Schlaf, und trägt uns wachend von einem Junitage in den folgenden hinüber. So wird es ein und zwei Uhr, noch sitzen zahlreiche Familien vor den Häusern, die Equipagen rollen wie am Tage draussen vorbei, es ist etwas dämmerlich geworden, — aber wir brauchten kein Licht, um eine kleine Münze, die etwa zu Boden gefallen, leicht zu finden, — die unbedeutende Dämmerung kann auch nur kurz gewesen sein, denn schon ist im Osten die Sonne wieder tagverkündend zu schauen!

Solcher italienischer Nächte haben wir an der Newka vierzehn in ununterbrochener Folge verlebt. Mitunter fuhren wir auch früh gegen zwei Uhr in schwankem Kahne von den Reunionen in der Bavaria (einer grossen Actien-Brauerei unter deutscher Direction) auf Petrowsky, nach Hause, was bei ruhiger

See und klarem Himmel wohl ungefährlich ist, aber wenn Westwind die Newagewässer zurückstaut und hohl gehen macht, doch als ein Vergnügen eigner Art dem nicht Fahrkundigen erscheint. Dazu schlugen die Nachtigallen von den Ufern herüber und versetzten uns in Gedanken auf Isola Bella oder unter die Aloës und Cypressen des Rauba-Capeo, um dessen Fuss sich das goldene Nizza lagert!

Das Petersburger Leben im Sommer ist erschöpfend, weil es der eigentlichen Nacht entbehrt, und der Schlaf auf das unumgänglich Nöthigste beschränkt wird. Nicht als ob das die regelmässige Nacht vertretende Dämmern allein den Schlaf schon beeinträchtigte, ist die Art der Tageseintheilung, welche durch keine Dunkelheit in Gränzen gebannt ist, eine so hinausgerückte, dass für die absolute Morgenruhe wenig mehr übrig bleibt.

Auch ohne die grossstädtischen Genüsse, welche Paris nicht feiner und nicht raffinirter bieten soll, als Petersburg, ist es klar, dass die Gewohnheit, wie die kurze Sommerzeit ausgebeutet werden muss, um für den ewig langen, harten Winter zu entschädigen, den Einheimischen, wie den Fremden fühlbar in Anspruch nimmt.

Zwischen Tag und Nacht wird wenig unterschieden. Wen es Nachts um ein oder zwei Uhr noch einmal hungert, der findet um diese Stunde sein Beefsteak so sicher beim Restaurant, wie Mittags oder Abends, — die Concerte bei Issler oder im Château des Fleurs dauern bis drei und vier Uhr Morgens, und wer des Abends noch einen auf der Datsche wohnenden Freund zu besuchen kommt, kann sicher sein, dass ihn sein schnellster Traber nicht vor Tagesanbruch vor seiner Hausthür absetzt, mithin das kleine Restchen der noch für diese Nacht bleibenden Ruhezeit gleich nichts zu rechnen ist.

Man hat in diesem aufregenden, schnellen Leben auch mit einen Grund für die in Petersburg auffallend häufige Blässe der Damenwelt finden wollen, und neben dem täglich öfter wiederholten Genusse sehr starken Thee's in dem Mangel an Ruhe und Schlaf diese zu begründen versucht. Indem die Richtigkeit dieser Anschauungen füglich dahingestellt bleiben kann, ist dagegen nicht in Abrede zu stellen, dass frische rothe Wangen, vereint mit dem charakteristisch aufgestülpten russischen Näschen, selten gefunden werden.

Da die Inseln des Newadeltas nur wenig erhöht über dem Wasserspiegel liegen und, wie schon oben bemerkt, bei Westwind die nahe See durch das Andringen der Wogen gegen die Mündungen der Newa diese in kurzer Zeit um 3 bis 4 Fuss steigen macht, so gehört keine besonders lebhafte Phantasie dazu, das drohende Bild, welches vor einigen Jahren durch die Tagespresse getragen wurde, sich auszumalen. Wäre es nicht ein würdiges Seitenstück zu Bulwers letzten Tagen Pompeji's, die moderne Riesenstadt und ihre wuchtigen Bauten, umklammert von den Armen der Newa-Nymphe, im Finnischen Meerbusen versinken zu lassen?

Doch dürfte es damit gute Wege haben, wenigstens hat diese Besorgniss noch keinem Bewohner der stolzen Petropolis die Lebenslust auch nur vorübergehend zu trüben vermocht. Das Bewusstsein, dass die meisten seiner grossen Bauten auf vielen hunderttausenden von eingerammten Bäumen ruhen, macht ihm so wenig eine bittere Stunde, als dem Venetianer, wenn ihn die Gondel beim Palazzo Pesaro oder Vendramin vorüberschaukelt, welche sich auf ihrem künstlichen Horizonte nicht weniger sicher fühlen, obgleich über den ersten zwei und den andern vier Jahrhunderte dahingegangen sind.

Grade im verflossenen Sommer war Gelegenheit, derartige Fundamentirungsbauten mittelst Rostwerks im grossartigsten Maasstabe, an der Verlängerung des englischen Quais unterhalb der alten Admiralität, zu beobachten. Wenn man diese Arbeiten nur vorübergehend würdigt, und die finnischen Granitwürfel in Massen gelagert sieht, welche längs des Stromes versenkt werden, so darf man getrost der Kunst und Wissenschaft vertrauen, welche in „Bezwingung der Natur“ in Petersburg überhaupt das Mögliche leistet.

Der Architekt hat auf einen sumpfigen Boden den Coloss der Isaakskirche gestellt, einen massigen Bau, welcher, zur schwindelnden Höhe aufsteigend, seinen goldenen Dom auf Meilen erkennen lässt; der Ingenieur hat einen der wasserreichsten Ströme Europa's, die Newa, sich unterwürfig gemacht, und mit vierundzwanzig englische Meilen langen Mauern den stolzesten der Flüsse seines freien Willens entkleidet; aber Beide übertrifft der Gartenkünstler, welcher mit unsäglichem Fleisse Blumenhaine und Baumgruppen des Südens auf derselben Parallele des Erdglobus zu zaubern versteht, unter welcher in Sibirien die Ostjaken und Tungusen ihre Rennthierheerden auf kümmerlichen Moosweiden hüten und die Kamtschadalen auf nie schmelzendem Eise nur mit dem Hundeschlitten zu fahren vermögen. Dass derartige Triumphe der technischen Wissenschaften überhaupt ermöglicht werden, liegt grösstentheils im Verdienste der Staatsregierung, welche für alle Zweige — ohne Rücksicht auf Heimath und Kosten — die tüchtigsten Kräfte heranzuziehen bestrebt ist, und sich das Talent dienstbar zu machen und zu erhalten versteht.

In andern Ländern würde das Unternehmen, Complexe von Urwäldern, Ursümpfen und Gestrüppe in einen zusammenhängenden Garten von hoher Schönheit umzuwandeln, dass sich sogar die Nachtigall dort zum Schlage verlocken lässt, und an der Zone irre wird, — an allerlei Hindernissen, schon im Entwurfe gescheitert sein, — wie bei den heutigen Materialpreisen und Taglöhnen auch die Einnahmen eines Königreiches nicht hinreichen dürften, jene meilenlangen mächtigen Riesen-Quais aus finnischem Granit, mit welchen Katharina II. die Newa, diese gewaltige Masse des Ladogasee-Abflusses, zum Gehorsam zwang, aneinander zu reihen!

Vielleicht könnte der Anblick der Newainseln das Erstaunen des Ausländers weit weniger rege machen, wenn Petersburg, statt in den Niederungen Ingermanlands, in der gesegneten lombardischen Ebene liegen würde. Aber ermüdet von der öden Gleichförmigkeit der Haide und theilweise verkrüppelter Birken, mit welcher das Auge des nach der Metropole Russlands Reisenden sich tagelang genügen lassen musste, ist es doppelt überraschend, — in Mitte eines Rayons der bekanntlich sehr enge begränzten nördlichen Vegetation — mit einem Male hier vor der gelösten Preisfrage — nicht nur der französisch-symmetrischen, sondern auch der Landschaftsgärtnerei — sich zu finden!

Der von den Newa-Armen bespülte Archipelagus leistet auf seinen zum englischen Park umgeschaffenen Inseln das Ausserordentliche. In reizender Abwechslung gruppiren sich nebst den oben erwähnten holzgezimmerten Sommerdörfern zwei kaiserliche Palais, zahlreiche Villen des Adels, selbst ein Theater auf ihrem weitausgedehnten Areale, räumlich genug, um keinem dieser Landsitze die Nachbarschaft des andern aufzuzwingen.

Die Bewunderung des Fremden erregen diese Anlagen jedoch erst dann vollständig, wenn er sich vergegenwärtigt, wie Alles dieses zu beginnen, nur einem eisernen Willen, — es fortzusetzen nur einem seltenen Grade von Ausdauer, — es zu vollenden nur der Anspannung der hervorragendsten Talente im Gebiete der Architektur, der Ingenieurwissenschaften und der höheren Gartenkunst möglich war.

Es liegt in der Natur der Dinge, dass grosse Regenten der Nachwelt in ihren Residenzstädten Monumente zurücklassen. welche ihren Namen unvergesslich machen; es bedarf hierzu nicht des Standbildes, welches die Portraitähnlichkeit festhalten soll, sondern jede Stiftung oder Gründung, welche nach Jahren noch den Urheber verherrlicht, ist ein solches Denkmal.

So knüpfen sich in Paris an Louis XIV., in Wien an Maria Theresia und Joseph II., in Berlin an den grossen Churfürsten und alten Fritz vielseitige sichtbare Erinnerungen, welche deren Namen von Generation zu Generation tragen.

Alle jedoch überstrahlt Peter der Grosse, dessen Schöpfungen, eine fortgesetzte Kette von Werken aus jedem nur denkbaren Gebiete geistiger Thätigkeit, — so des Friedens wie des Krieges — sich um ganz Petersburg schlingen, und an jeder Brücke, jedem Staatsgebäude, so auf dem endlosen Prospekte, wie am einsamen Meeresufer, mit dem er um den Besitz gerungen, seinen Namen aussprechen!

Die Bevölkerung Petersburgs, wie Russlands überhaupt, hat diese Wahrheit auch stets erkannt und zu würdigen gewusst.

Desshalb bekundet sie auch mit demselben Rechte eine unauslöschliche, allenthalben zu Tage tretende Anhänglichkeit an ihren vor einhundertfünfzig Jahren dahingeschiedenen Zaren Peter den Grossen, mit welchem sie in Alexander II., dem jetzigen Kaiser, einen der edelsten und wohlwollendsten Herrscher, welche je eine Kaiserkrone getragen, verehrt!

III.

Ausflüge in die Umgebung von Petersburg. — Die Festung Kronstadt. — Peterhof. — Zarskoje-Sselo. — Babygon. Paulowsk.

Wer, von einer Reise aus Russland zurückkehrend, dem Publikum erzählen wollte, er habe die Befestigungen Kronstadts, des ersten Kriegshafens des russischen Reiches, in Augenschein genommen, darf unbedingt als ein sich selbst belügender und seine Leser betrügender Referent erklärt werden. Keine Regierung gestattet einem reisenden Ausländer, sei er nun Fachmann oder Laie, den Eintritt in gewisse Fortificationen. Sie sichert sich mit vollem Recht gegen die Möglichkeit, dass die Früchte der Anstrengungen ihrer talentvollsten Männer auf dem einschlägigen Gebiete, wie nicht minder Arbeiten, welche mit dem Aufwande vieler Millionen geschaffen worden, der Indiscretion eines Unbekannten preisgegeben werden.

Von diesem Standpunkte ausgehend, wird auch kein vernünftiger Tourist für sich eine Ausnahmsstellung beanspruchen wollen, und dürfte das Vorzimmer des kommandirenden Vice-Admirals im Platze Kronstadt für derlei Supplikanten nicht minder den Namen: „*salle des pas perdus*" verdienen, als jenes im Pariser *palais de justice*. Trotz der anerkannten Höflichkeit und Liebenswürdigkeit hochgestellter russischer Persönlichkeiten gegenüber dem Ausländer, möchte es im concreten Falle weniger Schwierigkeiten finden, die romantischen Ufer des Baikalsees an Ort und Stelle zu bewundern, oder an dem Gestade von Lena und Amur Veilchen zu pflücken, als den Eintritt in die Citadelle, die Feste Kronslot, mit Erfolg zu versuchen.

Auch ist ja der Touristenehre durchaus nicht zu nahe getreten mit dem Zugeständnisse, dass man unter vielem Anderen einmal etwas nicht gesehen habe, — wenn gleich Mancher glaubt, er müsse, um von Rom zu sprechen, auch täglich bei Papstens zum Thee gewesen sein, und seinetwegen habe der Vesuv eine Extra-Gala-Eruption, zur Feier der hohen Anwesenheit im durch ihn beglückten Neapel, zum Besten gegeben.

Ein Besuch von Kronstadt muss im Gesammteindrucke uns abermals Bewunderung abzwingen vor dem schöpferischen Geiste Peter des Grossen, welcher in Mitte einer Meeresfläche, auf einem öden Flecke Land stehend, das Wort sprach: „Es werde!" und es ward.

Vor anderthalb Jahrhunderten lag noch eine wüste, niedrige Insel, etwa gleich weit von der carelischen (finnischen) wie ingrischen Küste entfernt, bedeutungslos im finnischen Meerbusen, wo jetzt einer der wichtigsten Kriegshäfen Europas, eine blühende Handelsstadt von achtundvierzigtausend Einwohnern (mit Einschluss der Garnison), mit langen graden Strassenzeilen, durchschnitten von mächtigen Kanälen, eingeschlossen von Granitquais und schönen Alleen, dann zahlreichen, riesigen Etablissements für alle Zweige der Marine, sich erhebt.

Wie sich im Kriegshafen die Maste und Dampfkamine der Kriegsflotte des Baltischen Meeres zu einer bedeutenden Zahl vereinigen, so ragt noch mehr als verzehnfacht ein solcher Mastenwald der Handelsflotte andererseits im Kauffahrteihafen empor. Der ganze, sehr bedeutende Seehandel Petersburgs hat hier seine Zwischenstation, wo die Handelsseefahrer des ersten Ranges umladen, während die kleineren in Petersburg selbst löschen. Eine Rundfahrt durch die freundliche Stadt, welche leider im letzten halben Jahre eine fürchterliche Feuersbrunst heimsuchte, die einen beträchtlichen Theil zerstörte, — ist äusserst lohnend. Auch hier gewahrt man, dass bei Anlage Kronstadts mit der Horizontalfläche nirgends sparsam umgegangen worden, alle Plätze sind räumlich und theilweise von grünen Squares unterbrochen. Obgleich man allenthalben Schiffsoffizieren, Marinesoldaten, Matrosen und Hafenarbeitern begegnet, so wird der Stadt doch nicht der ausschliessend militärische Charakter aufgeprägt. Ein zahlreicher Kaufmannsstand hat sich hier niedergelassen, und nach dem Aeusseren der Wohnhäuser zu urtheilen, nicht zu seinem Nachtheile. Elegante Damen rollen in Equipagen vorüber und die zahlreichen Iswoschtschiks finden, wenn auch auf die Insel beschränkt, gute Erndte.

Durch die Gefälligkeit eines höheren Seeoffiziers wurden wir in den Marineklubb eingeführt, ein hübsches Casino, von dem zahlreichen Offizierskorps der russischen Marine gegründet, welches sich in allen seinen Mitgliedern zur Theilnahme verpflichtet. Es hat nür ein Erdgeschoss, mit schönen eleganten Räumlichkeiten, Lesezimmer, Billard, Garten und Restauration. Die Bedienung in letzterer besorgen militärische Aufwärter mit der an solchen gewohnten Pünktlichkeit und Unverdrossenheit.

Die Schöpfung Kronstadts ist ein gleich genialer, wie praktischer Gedanke. Wie einerseits durch sie Russland im Baltischen Meere festen Fuss fasste, und, wenn auch Anfangs in kleinerem Maasse, in die Reihe der europäischen Seemächte trat, so ist andrerseits das prächtige Petersburg dadurch vor jeder feindlichen Beschiessung von der Seeseite geschützt, und vor der Gefahr, dass auf seine vergoldeten Kuppeln und Marmorpaläste Bomben geworfen werden, sicher gestellt.

Dass das heutige Kronstadt diesen doppelten Zweck zu erfüllen, richtig gelegen ist, wird Jedermann sofort einleuchten; aber die sterile Kesselinsel als die geeignete Stelle zu erkennen und in wenigen Jahren in diesen wichtigen Kriegshafen umzuwandeln, das war das Ei des Columbus, zu dem es eines Peters des Grossen bedurfte.

Dreissig Werste, oder etwas über vier deutsche Meilen, westlich vom Ausflusse der Newa, verengt sich der Finnische Meerbusen bis auf etwa drei Meilen, und bildet hier die Kronstadter Bucht. Fast in Mitte der Stelle, wo die beiderseitigen Ufer, die finnische Küste und jene Ingermanlands, sich näher rücken, liegt Kronstadt und beherrscht mittelst seiner auf Rosten vorgeschobenen Batterien, welche anscheinend schwimmend, gleich Inseln, aus dem Wasser ragen, nördlich die ganze Fläche, welche ohnedies wegen ihrer geringen Tiefe für grosse Schiffe unpraktikabel sein soll.

Der südliche breite Arm, zwischen Kronstadt und der hügeligen Küste Ingermanlands, wo aus dunklem Grün die Schlösser Peterhof und Oranienbaum herüberleuchten, hat nur ein schmales Fahrwasser, wodurch alle Schiffe unter die Kanonen der Festung gezwungen werden. Das zwischen Kronstadt und der Newamündung gelegene Wasserbecken ist durchgehends seicht, und gewissermassen nur der Uebergang von dem erweiterten Strome zum offenen Meere, wesshalb auch die Fahrwasserlinie auf der ganzen Strecke mittelst Tonnen und Stangen bezeichnet ist. Grosse Sandbänke haben sich im Laufe der Jahrhunderte hier abgelagert, auf welchen zahlreiche Seemöven ihre Versammlungen halten.

Im Winter erstarrt der ganze Kronstadter Busen zu einer festen Fläche, die Verbindung zu Schiffe hört gänzlich auf, und es werden über das Eis drei Wege gebahnt, südlich nach Oranienbaum, östlich nach Petersburg, ein dritter nach Sestrabeck. Dieselben werden dann ebenfalls mit Stangen kenntlich gemacht.

Wenn einerseits durch die häufigen Untiefen und Sandbänke die Schönheit des Wasserspiegels und die mit dem allgemeinen Begriffe „Meer“ verknüpfte Grossartigkeit beeinträchtigt wird, so kommt andrerseits das schmale Fahrwasser dem Dampfschiff-Passagiere wieder zu gute. Da alle grösseren Schiffe streng den Cours halten müssen, um nicht aufzufahren, so passiren sie stets in nächster Nähe vorbei und bei dem regen Handelsverkehre zwischen Kronstadt und Petersburg verkürzt dies die Fahrzeit von ein und einer halben Stunde noch mehr.

Wir waren vom heitersten Wetter begünstigt, der Himmel wölbte sich im schönsten Blau über der finnischen Meerbucht, die See war ruhig und spiegelglatt, so dass es keinem der vielen Passagiere im entferntesten einfiel, seekrank zu werden. Obgleich die Dauer der Ueberfahrt zwischen Calais und Dover nur eine halbe Zeitstunde mehr in Anspruch nimmt, und wir damals bei gleich blauem Himmel den Canal in Angriff nahmen, erinnere ich mich noch genau, wie er nach kurzer Zeit auch schon seine bleich zur Kajüte hinabwankenden Opfer nach Dutzenden zählte!

Allerdings sind die Wellenbewegungen dort anderer Natur gewesen, und unser Petersburger Schraubendampfer ging mit einer seltenen Gemüthsruhe und Stille seinen Weg, so dass auf dem Schiffe fast keine Bewegung wahrzunehmen möglich war. Wenn man kleinen Kähnen, gerudert von schmucken Matrosen, oder den zierlichen Jollen, in welchen die kühnen Mitglieder des Yachtclubbs sich weit hinauswagen auf die See, begegnet, dann wieder die kleinen Dampfer, welche den dienstlichen Verkehr zwischen der Admiralität zu Petersburg und der in Kronstadt liegenden Flotte vermitteln, und ebenfalls militärisch bemannt sind, vorbeihuschen sieht, so möchte man bisweilen irre werden, Angesichts dieser winzigen Fahrzeuge, ob man sich wirklich auf dem Meere befindet, wäre nicht der Wasserspiegel doch immerhin weit genug, die Ufer für das unbewaffnete Auge in eine ziemliche Ferne zu rücken.

Das Wasser der Kronstädter Bai soll noch süss sein, und sich erst westlich der Festung, mithin eigentlich draussen im Finnischen Meerbusen, mit dem Salzwasser der See mischen. Dass von Seiten der Schiffsmannschaft mittelst hinabgelassener Eimer vom Deck aus geschöpft und sofort getrunken wurde, habe ich selbst öfters gesehen, aber ohne jede Begierde, es nachzuahmen. Dagegen machte ich die Probe mit frisch geschöpftem Newawasser, welches das einzige Trinkwasser der Petersburger ist. Ich fand es nach meiner individuellen

Anschauung, vollkommen klar, rein und ohne jeden Beigeschmack. Was ihm jedoch natürlich fehlen muss, ist die erfrischende Kohlensäure, und somit kommt es der prüfenden Zunge gewissermaassen wie ein reines, geschmackloses Oel vor. Da in Petersburg, wie versichert wurde, keine Abzugscanäle aus den Häusern in die Newa geleitet werden dürfen, so ist das Newawasser wenigstens nicht unappetitlich, wenn ihm auch die Frische eines lebhaft daher sprudelnden Waldbaches sehr abgeht. Zur Theebereitung wird es mit besonderer Vorliebe genommen, und der geborne Petersburger soll auf Reisen sein Newawasser beim Tschai stets vermissen.

Dass sich aus demselben ein delikates Bier brauen lässt, bestätigt die grosse Bavaria-Brauerei, ein Actien-Unternehmen, allerdings unter der Leitung eines sachkundigen Müncheners, welcher diese an der Isar jetzt verloren gegangene Kunst an der Newa, namentlich zum Frommen aller dort wohnenden Deutschen auszuüben versteht.

Der Besuch Kronstadts ist eine nicht anstrengende Tagespartie, und bietet, wie schon oben bemerkt, die Annehmlichkeiten einer Seereise, ohne die von Vielen gefürchtete Schattenseite. Die Besichtigung von Kriegsschiffen, welche sich wohl in der Hauptsache bei den verschiedenen europäischen Seemächten gleich sein dürften, knüpft sich stets an verschiedene zeitraubende Gänge, bis dem Gesuche, an Bord zu gehen, entsprochen wird. Diese Bittgänge sind zudem nicht Jedermanns Sache. Unter allen Verhältnissen wird man, auch ohne diese Nebenabsicht, von dem belebten Kriegs- und Handelshafen, diesem für sich abgeschlossenen kleinen Inselreiche (das Eiland misst nur sieben

Werste in der Länge und zwei bis drei in der Breite) — mit sicherlich zufriedenstellenden Eindrücken und allerlei neuen Erfahrungen zurückkehren.

Die Heimfahrt gegen Abend krönt den Tag dann noch mit dem prachtvollen Bilde des aus der Fluth auftauchenden Petersburg, wie wir es im vorigen Abschnitte zu geben versuchten. Eine nicht minder angenehme Unterbrechung, welche uns dem Gewühle der Hauptstadt auf einen Tag entführt, und in bequemster Weise zu bewerkstelligen ist, bietet der Besuch der kaiserlichen Lustschlösser, d. h. eines kleinen Theiles derselben, welche durch ihren europäischen Ruf, wie durch Glanz und Schönheit besonders hervortreten. Es sind deren mindestens ein Dutzend, von welchen jedoch Peterhof, Oranienbaum, Zarskoje-Sselo und Paulowsk die bekanntesten und zur Besichtigung empfehlenswerthesten sein werden. Wenn wir auf das am Meeresufer, Kronstadt gegenüber, liegende Oranienbaum Verzicht leisten, so werden uns immerhin die andern drei, durch ihre innere Pracht wie ihre Gartenanlagen hervorragenden, wahrhaft kaiserlichen Landsitze, zwei höchst genussreiche Tage versprechen.

Zum Zwecke einer allgemeinen Charakteristik der Schlossbauten und Gärten der damaligen Zeit (der ersten Hälfte des achtzehnten Jahrhunderts) wolle der Leser sich in Gedanken auf eine kurze Weile mit uns in die Nähe der Seine versetzen, von wo aus Louis XIV. damals die Parole für Alles im Reiche der Mode, der feinen Sitte, wie des Geschmacks und der Bildung zu geben sich vermass.

So kam es, dass Schloss und Garten von Versailles die Stammeltern der meisten Lustschlösser der europäischen Dynastien geworden sind, — das Vorbild, in dessen Nachahmung die Architekten und Gartenkünstler des Auslandes die Werke ihrer eigenen Schöpfungskraft erst mustergültig zu machen glaubten. Diese Anschauung lag eben in der damaligen Zeit begründet, und da der Geschmack sich überhaupt weniger nach den Principien der Aesthetik als der herrschenden Mode regelt, so finden sich aus jener Epoche die mehr oder minder glücklich imitirten Versailles in unzähligen Variationen über alle Lande zerstreut.

Innerhalb eilf Jahren, von 1661 bis 1672, hätte Ludwig der Vierzehnte seine in ihrer Art damals einzige Schöpfung vollendet, und alle Potentaten Europa's schickten nach und nach ihre Hofbaumeister und Gartendirektoren dorthin, um das achte Wunder der Welt, wie es Vatout in seiner Geschichte der französischen Residenzen nennt, den Gegenstand allgemeiner Bewunderung und vielleicht auch allgemeinen Neides, in seinen einzelnen Schönheiten zu copiren.

Die hervorragendsten Künstler des Frankreichs damaliger Zeit haben sich daran verewigt. Mansards Genie wurde der Schlossbau anvertraut, welchen nach seiner Vollendung der Pinsel Lebruns, des Hofmalers Ludwig XIV. schmückte. In den durch Le Nôtre entworfenen Gärten und Avenuen stellten unter dem Staubregen riesiger Fontainen, Puget und Girardon ihre Meisterwerke der Sculptur auf.

Unverkennbar wurden die Baumeister und Gartenintendanten von Sanssouci und Nymphenburg, Schwetzingen, Wilhelmshöhe und Schönbrunn, von Versailles aus inspirirt. Die bisher beliebte Unregelmässigkeit des sogenannten englischen Parks, wo in absichtlicher Zufälligkeit, zwischen Baumgruppen und versteckten Pfaden Waldbäche und Einsiedeleien, natürliche Wasserfälle und Grotten, den Lustwandelnden überraschen sollten, musste weichen und dem geradezu Entgegengesetzten Platz machen. Mit der Vollendung des maasgebenden Versailles wurde der Schwerpunkt mit einemmale auf höchste Symmetrie, auf grossartige Gesammtüberblicke, auf lange Perspektive, breite Terrassen und mathematisch berechnete Gleichmässigkeit aller Details gelegt.

In der harmonisch durchgeführten Verwirklichung dieses Gedankens, in Versailles zum höchsten Ausdrucke gelangt, spricht sich zugleich der Charakter des Erbauers aus. Zur glänzenden Prachtentfaltung eines luxuriösen Hofes, wie ihn Ludwig XIV. dem staunenden Europa vorzuführen wusste, eignet sich kein zweiter Raum, wie dieser, wo auf massigen Terrassen, zwischen endlos scheinenden Alleen, und allen mythischen Gottheiten, selbst das widerstrebendste der Elemente, das Wasser, dem menschlichen Willen sich fügend, seine Zauberkünste leihen musste.

Als eine der vollendetsten Imitationen Versailles' zeigt sich das kaiserliche Lustschloss Peterhof.

An Ausdehnung des eigentlichen Hauptgebäudes wird es nach unserer Erinnerung allerdings das Schloss von Versailles nicht erreichen, obgleich der ursprüngliche Bau Peters des Grossen durch Kaiserin Elisabeth erweitert und unter Katharina II. abermals vergrössert worden. In einer Beziehung jedoch steht es zweifelsohne über der Schöpfung Ludwigs des Vierzehnten, indem durch seine erhöhte Lage am Strande des Meeres die Anwendung kräftiger Terrassirungen im vollsten Maasse gestattet wurde, und der unvergleichliche Blick auf die zu seinen Füssen liegende offene See ihm einen Vorzug einräumt, welcher von wenig andern ihm streitig gemacht werden kann.

Wir hatten einen Sonntag-Nachmittag gewählt, an welchem alle Wasser springen. Indem wir Umgang nehmen von den einzelnen Fontainen, Nymphen, Tritonen und Delphinen, welche da und dort an schon anderwärts Gesehenes erinnern, halten wir uns nur eine kurze Zeit an der grossen Schlossterrasse auf, wo, — sobald die sämmtlichen Objekte einmal in voller Thätigkeit sind, — sich ein Bild, welches nicht wohl mehr übertroffen werden kann, entfaltet.

Eine mächtige, rauschende Caskade fällt über sechs breite, vergoldete Stufen in ein weites Bassin, in dessen Mitte ein aus vergoldetem Erze gefertigter Simson steht, dem Löwen den Kinnbacken aufreissend, aus dessen Rachen ein reicher Wasserstrahl hoch emporsteigt. Vergoldete Statuen stehen auf den Absätzen der herabführenden, mehrmals gebrochenen Treppen, die reichsten Boskets in Teppichmanier füllen die Zwischenräume aus, so dass im Gesammteindrucke der herabstürzende goldene Strom mit dem Diamantregen der zurückfallenden vertikalen Wassersäule einen feenhaften Anblick bildet. Der dunkelgrüne Hintergrund des üppigsten Baumwuchses (Peterhof hat viele Eichen und Linden, welche Peter der Grosse eigenhändig gepflanzt) lässt die Anwendung des Goldschmuckes auf einzelne Figuren erst recht ins Licht treten. Jedenfalls ist diese letztere neu, und eine bis jetzt unsers Wissens nirgends wiederholte Verfeinerung höherer Gartenkunst.

Peterhof ist berühmt durch die glänzenden Feste, welche der kaiserliche Hof hier zu geben pflegt. Der rückwärts weit in das Hügelland der sogenannten Duderhof'schen Berge hineinreichende Park ist eine unregelmässige Anlage (nur die Meerseite ist im altfranzösischen Style gehalten), welche erstere im Wagen zu durchfahren, wir fast zwei Stunden brauchten. Verschiedene kleine Schlösser sind darin zwischen Seen, Wiesen und dunkeln Waldcomplexen zerstreut. An der Kaiserin-Insel warten zwei elegante Fährmänner, welche mittelst einer sehr einfach construirten fliegenden Brücke uns über den Teich spediren, wo ein kleines Lustschlösschen, mit reizenden Boudoirs und Kabineten, sich öffnet.

Am Ende des Parks schliesst sich das auf einer Anhöhe im reinsten griechischen Style, mit vom Erechtheum entlehnten Vorhallen, erbaute Schloss „Babygon" an, — allerdings nur vom Quadratinhalte eines mehr als mässigen Wohnhauses, aber in einer Reinheit, wie sie die Blüthezeit der griechischen Architektur (die zweite Epoche, das Zeitalter des Perikles) nur in einzelnen Denkmälern auf unsere Tage herübergetragen hat. Ganz frei von allen Seiten stehend, mit sehr grossen Fenstern, sind die Wohnräume besonders hell und luftig. Kaiser Nikolaus hat Babygon für seine Gemahlin erbaut, und nach unserer unmassgeblichen Ansicht hat der Baumeister seine Aufgabe glänzend, gelöst. Bei edler Einfachheit in der Anlage hat er jede andere Ornamentik, als die erhabenen, ihm sichtlich vorschwebenden Originale, — Propyläen, Theseus-Tempel und Erechtheion — gestatteten, verschmäht, und damit wirklich etwas Vollendetes geschaffen.

Das Bestreben, Neues noch nie Dagewesenes zu bringen, schafft, wie man sich täglich überzeugen kann, mitunter Missgeburten, welche selbst das Auge des Nichtfachmannes beleidigen müssen. Die Vermischung aller Baustyle, die versuchte Schöpfung neuer

Säulenordnungen, Rococofestons an griechischen Metopen aufgesetzt, die Krönung rundbogiger Fenster mit der griechischen Marmorpalmette des antiken Giebelfeldes, und andere derartige Verirrungen können uns heutzutage anderwärts häufig begegnen.

Um so wohlthuender für das Auge ist der Anblick eines solch harmonischen Gebäudes, welches uns das Beste, was in architektonischer Beziehung das Zeitalter der klassischen Kunst, die Zeit eines Phidias, Polykletos und Myron hervorgebracht, in gelungener Nachbildung vorführt. Wer sich für Werke der Architektur nur einigermassen zu interessiren vermag, muss mit dieser Ueberzeugung und wahrhaft befriedigt, das reizende Gartenschloss Babygon verlassen!

Das Schloss in Peterhof haben wir im Innern zu besichtigen, keine Zeit gefunden, da Wasserkünste und Rundfahrt uns schon hinreichend in Anspruch nahmen. Es soll unter vielen andern Sehenswürdigkeiten in einem einzigen grossen Saale die Portraits von 368 Mädchen aus allen Gouvernements Russlands gesammelt, und zur Zeit Katharina II. alle von einem gewissen Grafen Rotali gemalt, enthalten, sicherlich die an Nummern bedeutendste Schönheits-Gallerie, welche überhaupt existirt. Neben gelungener technischer Ausführung, soll die stets wechselnde Auffassung, welche in keinem Bilde sich jemals wiederholt, und immer wieder in neuer Haltung des Kopfes, wie des Ausdruckes sich erschöpft, Staunen erregen.

Peterhof ist von Petersburg aus auf dem Land- wie Seewege zu erreichen, und zwar mit Benutzung der Oranienbaumer Eisenbahn in ein und einer halben Stunde, mittelst des Dampfbootes in fünf Viertelstunden. Der Tag, welchen wir dort zubrachten, war vom herrlichsten Wetter begünstigt, und desshalb auch der Zudrang des Publikums so bedeutend, dass zu den regelmässigen Booten je ein zweites gegeben werden musste, welches ebenfalls zum Erdrücken voll war.

Bei heiterem Himmel und ruhiger See verdient der Seeweg den Vorzug, umsomehr darf ihn der Ausländer wählen, welcher von Petersburg aus noch Moskau besuchen will, und die Freuden des Eisenbahnfahrens reichlich in Aussicht hat.

Wenn auch Peterhof die Situation am finnischen Meerbusen und die reiche Zierde springender Wasser für sich hat, so ist nicht minder reizend das einzige „Zarskojë-Sselo“.

Die Eisenbahn bringt uns von der Hauptstadt in einer kleinen Stunde dahin, anfangs über monotone Haiden, sobald man jedoch die vergoldeten Kuppeln und Thürme der Schlosskirche aus dem Dunkel des Waldes auftauchen sieht, hält der Zug auch nach wenigen Minuten im Bahnhofe.

Man muss die breiten, graden Strassen der regelmässigen, hübschen Stadt durchfahren, bis man das, mitten in hohen Eichen und Buchen versteckte, Schloss mit seiner mächtigen Façade plötzlich vor sich hat.

Die Natur hat für das ziemlich flach liegende Zarskojë-Sselo wenig gethan, aber die Zusammenwirkung der Kunst desto mehr. Die nebeneinander gereihten Prunksäle des Schlosses sind eine nicht minder reiche Wiederholung des Winterpalastes und eine Beschreibung der hier entfalteten Pracht auch nur annähernd geben zu wollen, wäre vergebliche Mühe. Der grösste der Säle, welcher mit Vergoldung wahrhaft überladen ist, hat dreizehntausend Quadratfuss, mithin beinahe den dritten Theil eines bayerischen Tagwerks.

Unter den für die vormals kleinen Grossfürsten bestimmten Zimmern findet sich ein Turnsaal (auch mit der in Russland beliebten Rutschbahn versehen), welcher mit seinen Apparaten wohl die eleganteste Schule für Gymnastik sehen lässt, welche überhaupt irgendwo existirt. In der Bibliothek stehen die Modelle aller im russischen Heere eingeführten Geschütze und Kriegsfahrzeuge, ebenso auf einer Gallerie, welche oben um die Wand mehrerer Zimmer sich fortsetzt, die etwa ein und einen halben Fuss grossen Repräsentanten aller der verschiedenen Gattungen russischer Reiterei, die Ausrüstung von Mann und Pferd mit minutiöser Gewissenhaftigkeit nachgebildet. Es ist eine stattliche Anzahl und jedenfalls zu gross, um die einzelnen, mitunter sehr malerischen Trachten dieser Völkerschaften, namentlich aus dem Süden und Osten des Reiches, im Gedächtnisse zu behalten. Welcher Unterschied in der Bewaffnung und der Costümirung, vom Cavalleristen der kaiserlichen Chevalier-Garde bis zum Bewohner der turkestanischen und chiwesischen Grenzgebiete, — gleichwie vom modernen Hinterlader neuester Construktion bis zur langen Vogelflinte des Orientalen und dem Bogen und Pfeilköcher des Persers! Alle Waffen finden sich hier vertreten, und bilden die regulären Kosaken, von denen man z. B. in Petersburg gegen Abend stets kleinen Patrouillen von zwei Pferden begegnen kann, den Uebergang vom europäischen Reiter zum Asiaten.

In Spiegeln, Vergoldungen, Damasten und Meubelstoffen, in chinesischen und japanesischen Geschirren trägt Zarskojë-Sselo einen unbeschreiblichen Schmuck zur Schau. Jaspis, Achat und Porphyrsäulen, ein ausschliesslich mit Bernstein ausgelegtes, ein anderes in Perlenmutter gehaltenes Zimmer, Malachit-Vasen und Gobelins wechseln in ermüdender Pracht mit einander.

Dazu ist der Wald so nahe, dass an den beiden Seitenflügeln des Schlosses das Laub der hohen Bäume fast an die Fenster streift, und eine träumerische Waldeinsamkeit, nur unterbrochen vom Schlagen der Nachtigallen, uns vorspiegeln möchte, ein Zauberspruch habe dieses goldene Kaiserschloss aus dem Gewimmel der Hauptstadt in die stille Nacht mächtig zum Himmel strebender Eichen und Ulmen getragen.

Alles Lärmende ist durch den Park selbst so weit weg gerückt, dass die idyllische Ruhe nichts stören kann, und kein Wagengerassel der Troiken des Adels, keine Trompetensignale der garnisonirenden Regimenter bis zu ihm reichen, und doch wieder genug nahe, um auf einen Befehl des Kaisers sofort den glänzendsten Hofstaat vorfahren und lange Linien kaiserlicher Truppen der Garde aufmarschiren zu lassen!

Dass der Hof unter seinen verschiedenen Schlössern Zarskojë-Sselo als Lieblingssitz auszeichnet, ist sehr erklärlich, wenn man diesen Aufenthalt (zwischen dem neun und fünfzigsten und sechsigsten Grade der nördlichen Breite gelegen), welcher die Oede der Hauptstadt ganz vergessen lässt, in seinen einzelnen Schönheiten zu sehen, Gelegenheit hatte.

Mag immerhin Petersburg im Winter, wo die Newa gefroren ist, — Tausende von Schlitten durch die breiten Prospekte oder den Quais entlang fliegen, alle Theater geöffnet sind, prächtige Ballfeste die Salons der Fürsten in tropische Wintergärten verwandeln, — in dieser Art einzig auf Erden sein, so ist ein Besuch der Metropole des Nordens im hohen Sommer nicht minder glücklich gewählt, und Peterhof, wie Zarskojë-Sselo im reichsten Blumen- und Laubschmucke gesehen zu haben, wiegt Schlittenfahrt und Ballet einigermassen auf.

Das nahe Alexandraschloss sollte man eigentlich vor jenem von Zarskojë-Sselo besichtigen, weil, nach dem Beschauen des letztgenannten Hauptschlosses, das erstere zu sehr in den Hintergrund gedrängt wird.

Wohl nirgends werden so ungeheuere Summen auf Hortikultur und Blumenzucht verwendet, als in Petersburg und seiner Umgebung. Auf den kaiserlichen Schlössern wird in dieser Hinsicht das nur Mögliche geleistet, und so ist auch der Park von Zarskojë-Sselo, wie alle kaiserliche Gärten mit einer Sorgfalt gepflegt, dass die consequente Durchführung einer solchen Reinlichkeit fast unbegreiflich ist.

In dem ganzen weiten Areale ist auf keinem Fuss- wie Fahrwege ein abgefallenes Blättchen zu finden, so wenig als die Fusspur eines Menschen oder das Geleise eines Wagens; die Oberfläche der Teiche ist allenthalben spiegelrein, und doch sah man nirgends einen Gartenarbeiter. Es scheint, dass Alles schon vor Anbruch des Tages besorgt worden sei, was allerdings im Juni und Juli, wo es bekanntlich nicht dunkel, sondern nur etwas dämmerig wird, ausführbar erscheint.

Den Weg zu dem eine Gehstunde entfernten „Paulowsk", wohin die Eisenbahn noch fortgesetzt ist, machten wir zu Fuss. Am Ende des Parkes von Zarskojë-Sselo, bei der Caserne eines Cavallerie-Regiments der Garde, beginnt eine schnurgrade, breite Allee, bis man abermals Wald, und in ihm die jedem Petersburger wohl bekannte Restauration von Paulowsk erreicht.

Hier, in diesen Sälen, wie im weiten Rondelle

der mit Tischen, Bänken und zahlreichen Gascandelabern versehenen Veranden fühlt man sich wie nach Deutschland zurückversetzt, und glaubt sich bei Kroll in Berlin oder im Tivoli von Hannover zu befinden. Es ist der Vereinigungspunkt des eleganten Mittelstandes der Hauptstadt, wo in den kurzen Monaten der warmen Jahreszeit die berühmten Symphonie-Conzerte unter Bilse's Dirigentenstab täglich ein zahlreiches Publikum anlocken. Es bedarf keiner Versicherung, dass die weiten Räumlichkeiten, aber auch die Preise diesem, viel Champagner consumirenden Theile der petersburger Bevölkerung angemessen sind.

Dass das Leben in den beiden Hauptstädten Russlands auf einem andern Werthe des Geldes fusst, als in den Ländern Central-Europa's, ist längst bekannt, somit schauen deutsche Geldbeutel verdriesslich drein, wenn z. B. der feinste Bordeaux, wie auch der Heidsik mit fünf, sechs und acht Rubeln angesetzt sind, und eine Portion „Botwinja", die beliebte kalte Suppe des Gourmands (aus Kraut, Beeren, Gurken, Stückchen Lachs oder Sterlet, geröstetem Brode und Stückchen Eis! zusammengesetzt) mit einem und einem halben Rubel berechnet wird!

Um diesen letzteren Preis lässt sich jedoch auch einfach dort Mittag essen, wobei man vier vorzügliche Gerichte erhält, und den Gefahren der unverständlichen russischen Speisekarte und somit möglichen Enttäuschungen, entgeht. Einschlüssig eines Glases Bier zu fünfzehn und einer Tasse Kaffee zu dreissig Kopeken, hat man mithin für etwas über zwei Thaler eine ganz ausreichende Mahlzeit und thut besser, sich den Champagner bis zur glücklichen Rückkehr in die Heimath aufzusparen.

Die Gärten von Paulowsk, wie auch das Schloss selbst sind räumlich beschränkter, als Zarskojë-Sselo, aber romantischer situirt und zeichnen sich durch den Reichthum der verschiedenen Baumarten aus, welche in ihrer Schönheit und Ueppigkeit vergessen lassen, dass ihr grünes Laubdach, unter welchem wir wandeln, nur durch Kunst dem hohen Norden aufgezwungen werden konnte!

IV.

Nach Moskau. — Total-Anblick. — Die Cathedralen und die Schätze des Kremls. — Die eroberten Geschütze vor dem Arsenale. — Restaurationen. — Kaufläden. — Theemagazine. — Auf der Strasse.

Es wird erzählt, der verstorbene Kaiser Nikolaus habe, als ihm der Entwurf für die Petersburg-Moskauer Bahn im Plane vorgelegt worden sei, — welcher in der Absicht, einige bedeutende Orte mit in die Linie zu ziehen, mehrere Krümmungen nicht vermeiden konnte, ein Lineal ergriffen, zwischen beiden Endpunkten eine grade Linie, in Wirklichkeit 664 Werste oder 87 deutsche Meilen bedeutend, gezogen und die mündliche Entschliessung beigefügt: „diese Linie wird gebaut“.

So entstand diese wichtigste und frequenteste Bahn auf russischem Gebiete, die „Nikolai-Bahn“, welche durchgehends doppelgeleisig, den ausserordentlichen Verkehr zwischen den beiden Hauptstädten vermittelt, und dem weit oben im Nordwesten abgelegenen Petersburg die vielseitigen Bedürfnisse des Lebens in Massen, das Getreide aus dem fruchtbaren Süden, aus Taurien und den Gouvernements des Schwarzen Meeres, ebendaher seinen Bedarf an Schlachtvieh, soweit ihn nicht

Podolien deckt, Kohlen von Tula und Nischnei-Nowgorod, Hanf und Tabak, endlich Wein, Gemüse und Südfrüchte aus der Krim zuführt.

Die Bahn wurde 1842 begonnen, für Rechnung des Staats ausgeführt, und am 1. September 1868 der grossen russischen Eisenbahn-Gesellschaft auf vierundachtzig Jahre übergeben. Terrainschwierigkeiten waren verhältnissmässig wenige zu überwinden: die Ueberbrückung von vier nicht unbedeutenden Flüssen dürfte die erheblichsten in den Weg gelegt haben. Diese weite Strecke legt der Abends von Petersburg abgehende Courierzug in fünfzehn Stunden zurück, indem er nur an den Abstosspunkten der Seitenbahnen, in Tschudowa (nach Gross-Nowgorod am Ilmensee), in Bologoje (nach Ribinsk), endlich bei der seitwärts gelegenen, thurmreichen Stadt Twer, sich einen kurzen Aufenthalt vergönnt.

Der Verkehr auf dieser Bahn ist grossartig; in der ersten Fahrstunde flogen fünf Züge an uns vorüber, von dieser Zeit an wäre es ermüdend geworden, die späteren noch zu zählen. Die Gegend bietet wenig genug, und wem es gegeben ist, die Nacht im Waggon zu verschlafen, thut unbedingt wohl, sich am Schalter zu Petersburg, für zwei Rubel weiter, eines Platzes im Schlaf-Waggon zu versichern, wo ihm ein vortreffliches, neu überzogenes Kopfkissen, und ein sehr bequem gepolsterter Lagerplatz, in erster oder zweiter Etage (die untere ist für Nachtwandler vorzuziehen) angewiesen wird, auf welchem sich selbst ein russischer Grenadier ausstrecken kann. Auch vermeiden die Zugführer, ohne besonderen Anlass, diese Räume zu betreten und die Bewohner zu stören.

Die Gouvernements Nowgorod und Twer, welche

wir in ihrer ganzen Ausdehnung von Norden nach Süden zu durchfahren haben, sind reichlich zur Hälfte mit Wald bedeckt. Im ersteren passiren wir das Waldai-Gebirge (auch Wolchonskijwald genannt), welches jedoch nur als Hochplateau relativ diese Bezeichnung rechtfertigt. Seine Lehmberge übersteigen selten die Höhe von achthundert, nirgends von tausend Fuss, obgleich es die Wasserscheide zwischen dem nördlichen Polargebiete und dem kaspisch-pontischen Flussgebiete bildet, oder deutlicher ausgedrückt: seine nördliche Abdachung schickt die Gewässer in das nördliche Eismeer, seine südliche nach dem Caspischen und Schwarzen Meere.

Bei Twer passirt man die Wolga, welche hier in ihrem oberen Laufe sich immerhin noch nicht als der mächtigste Strom Europa's erkennen lässt, und auf ihrem 470 Meilen langen Wege in das Caspische Meer allerdings noch Zeit genug finden mag, sich Kräfte zuzuführen. Dennoch trägt sie hier schon jährlich 4000 Schiffe befrachtet zum Handelsplatze Twer.

Es ist nun voller Tag geworden, und bietet sich damit Gelegenheit, die veränderten Bodenverhältnisse des Gouvernements Moskau, welches wir nun bald betreten, wahrzunehmen. Dasselbe gilt als ziemlich fruchtbar, die unabsehbaren Waldungen haben sich ihres ausschliesslichen Monopols begeben, und gestatten auch noch anderen Bodenerzeugnissen Raum. Die aus der Ferne herüberschauenden, rauchenden Dampfkamine verrathen einige Fabrikthätigkeit, welche sich mit der Nähe der Hauptstadt fortwährend steigert. (Moskau ist der Hauptsitz der russischen Nationalindustrie und zählte schon vor zehn Jahren in seinem Stadtgebiete fünfhundertfünfzig Fabriken mit fast vierzigtausend Arbeitern.)

Gegen neun Uhr gewahrt man am Horizonte einzelne Kuppeln, in Gold, Silber und allerlei Farben glänzend, bald jedoch ragen hohe Spitzen ohne Zahl aus dem stets weiter sich entfaltenden Häusermeere hervor, welches, in seiner Lage vergleichbar mit Paris, auf beiden Seiten das breite Thalgebiet der Moskwa ausfüllt, und an den anschliessenden Höhenzügen, gleich wie dort am Montmartre und Montrouge, aber sanfter hinansteigt.

Der Totalanblick von Moskau, zu dessen vollstem Genusse wir alsbald nach unserer Ankunft den grossen Iwan, den hohen Glockenthurm des Kreml besteigen, ist ein schwer zu beschreibender. Es wurde uns behauptet, dass der Umfang des ganzen bebauten Raumes, einschlüssig der Vorstädte, jenen von Petersburg noch übertreffe, was, aus der Vogelperspektive betrachtet, nicht unglaubwürdig erscheint. Die Zahl der Kirchen wurde uns als weit über vierhundert, die Zahl der Einwohner mit siebenmalhunderttausend bezeichnet. Letztere Angabe wird jedoch hinfällig, indem nach offiziellen Quellen die Einwohnerschaft Moskau's im September 1871 mit 399,321 bekannt gegeben wurde, — (jene der Residenzstadt Petersburg mit 667,000) — und eine derartige Zunahme von dreimalhunderttausend Seelen in drei Jahren erfahrungsgemäss nicht möglich ist, selbst wenn die enorme Zahl der ab- und zureisenden Kaufleute und die Menge der stets anwesenden Pilger hinzugerechnet werden sollte!

Vergegenwärtigt man sich, dass eine griechisch-russische Kirche nicht variirend einen oder zwei Thürme hat, sich vielmehr über einer jeden eine mächtige Mittelkuppel wölbt, umringt von vier kleineren, oder vier Thürmen, alle ohne Ausnahme mit Metall gedeckt, vergoldet, versilbert, einfarbig oder musivisch, in grellem Hellgrün, Blau, auch rosafarbig, dazu auf jeder Kuppel und Spitze ein mächtiges, vergoldetes Kreuz, welches vornehmlich in Moskau, noch mit schweren gleichen Ketten, in grobem Filigran gearbeitet, vielfach nach dem Dachfirste gespannt ist, so bietet sich, namentlich im Sonnenglanze, ein Funkeln und Farbenspiel, welches dem ungewohnten Auge des West-Europäers einen Vorgeschmack des Orients zu kosten giebt, wie ihn zweifelsohne, ausser Constantinopel, diesseits des Mittelländischen Meeres und des Pontus Euxinus, keine Stadt mehr bietet.

Die Strassen Moskau's sind breit, durchgehends mit verhältnissmässig niedrigen, aber geräumigen Häusern, auch vielen Prachtbauten, eingefasst. Dass die Privathäuser mehr in die Breite und weniger in die Höhe gehen, mag auch auf der morgenländischen Sitte fussen. Der Orientale liebt es, seine Räume neben einander zu wissen, das Treppensteigen vermeidet er, als seiner hochgeschätzten körperlichen Bequemlichkeit widersprechend.

Was in Moskau sehr zum Nachtheile der in der äusseren Erscheinung sonst vortheilhaft sich gebenden Grossstadt wirkt, ist die an den Süden erinnernde Vernachlässigung jeder öffentlichen Reinlichkeit. Während vor Sonnenaufgang schon ganz Petersburg auf das Sauberste gekehrt und jeder Gedanke an Abfall oder Staub beseitigt ist (eine um so bemerkenswerthere Thatsache, als Tag und Nacht in allen Strassen Tausende von Pferden stehen), watet der Fussgänger hier bei trockenem Wetter bis über den Knöchel in Staub und allerlei zufälligen Beigaben, oder wühlt im Gefährte dichte Wolken auf, aus welchen sich bei starkem Regen schwarzgefärbte Bäche die gesenkten Strassen herab entwickeln sollen. Uns beglückte das herrlichste Wetter der Welt, wir hatten mithin das Letztere nicht persönlich zu erfahren, und nur die erstere Plage aber diese auch im vollsten Maasse, mit den übrigen Moskowitern zu theilen.

Wie an den Namen der Siebenhügelstadt am Tiber, knüpfen sich auch an jenen von Moskau für den Touristen, je nachdem ihn die eine oder andere Seite mehr interessirt, die verschiedenartigsten Beobachtungspunkte.

Moskau ist die heilige Stadt des Russen, das Rom der russisch-griechischen Kirche, die Stadt des Glockengeläutes, der Wallfahrer und der Klöster; — sie ist die Stadt des Reichthumes, des Adels, der reichen Kaufmannschaft, der Mittelpunkt des Binnenhandels der weitausgedehnten Monarchie; sie ist die alte Hauptstadt des russischen Reiches bis zu Peter dem Grossen: endlich ist sie die Grabstätte der Napoleonischen Präponderanz über alle Cabinete des damaligen Europa's, der Wendepunkt seines ihn bis dahin verwöhnt habenden Kriegsglückes.

Man mag die Strassen und Plätze durchstreifen, wie man will, so wird das Auge auf Gebäude oder Vorgänge stossen, welche in einer oder der anderen Beziehung zu den oben erwähnten Beobachtungspunkten führen müssen, seien sie nun geschichtlicher, religiöser oder merkantiler Natur. Immer jedoch wird den Fremden in Moskau der Kreml am ersten an sich ziehen, denn in ihm gipfeln alle Reminiscenzen aus Moskau's Vergangenheit, um ihn schlingt die Gegenwart lebensfrisch ihre Reize, und unser erster Gang gehört desshalb mit Recht dieser berühmten Stätte des Ostens.

Der Kreml ist kein einzelner Palast, sondern mit diesem Namen wird der in der Mitte des weiten Moskau die ganze Stadt dominirende Hügel bezeichnet, welcher an sich schon von der Grösse einer mässigen Stadt, ausschliesslich mit kirchlichen Bauten, Palästen und Staatsgebäuden bedeckt ist. Um ihn schliessen sich ringsum wieder unbebaute weite Räume, meist zu Promenaden benützte Plätze, — als ob seine stattlichen, zinnengekrönten und thurmgeschmückten Mauern von allen Seiten respektvolles Entfernthalten gebieten wollten!

Drei Thore führen in das Innere, darunter das sogenannte „Heilige“, welches jeder Russe, auch jeder Fremde, mit entblösstem Haupte durchschreitet. Vier Kathedralen, sich an phantastischem inneren und äusseren Schmucke überbietend, stehen hier auf einem grossen Platze.

Die Himmelfahrtskirche mit fünf vergoldeten Kuppeln, die Kirche des Erzengels Michael mit fünf Kuppeln, die Verkündigungskirche mit seltsam prachtvollem Aeusseren, und neun vergoldeten Kuppeln, endlich die Kirche des Schutzes Mariä mit gar sechzehn Kuppeln und Thürmen, ragen ihre blinkenden Dachungen und Kreuze in malerischen Verschiebungen dem blauen Himmel entgegen. Alle sind in den inneren Verhältnissen zwar verschieden, aber mit alten Fresken auf Goldgrund, mit Mosaiken und Kostbarkeiten gleich überladen, so dass es der flüchtigen Erinnerung unmöglich wird, Einzelnes herauszuheben. Nur die Michaelskirche zeichnet sich noch aus durch ihre Bestimmung als Ruhestätte aller Zaren vor Peter dem Grossen. Ihre innere Wand ist mit einer vierfachen Reihe gleicher Marmorsarkophage bestellt, alle mit carmoisinrothen, goldgestickten Sammetdecken behängt; man zählt deren zwei und dreissig.

In diesen Kirchen herrscht ein, von dem Weihrauchdufte der katholischen, ganz verschiedener Geruch, wohl die Folge der zahllosen, Tag und Nacht brennenden Opferkerzen, widerlich süss, welcher uns, schon herausgetreten in die freie Luft, eine Zeit lang nicht verlassen will. Auch der oben erwähnte grosse Iwan, ein alleinstehender hoher Thurm bei dessen Besteigung man mehr als dreissig mächtige Glocken passiren muss, trägt ein goldüberzogenes Dach.

Unten, ihm gegenüber, steht die berühmte grosse Glocke (bekanntlich brach beim Herunterstürzen ein Sector von etwa 70 Centnern heraus, wesshalb sie auch ausser Aktivität gesetzt ist), ein unnatürliches Monstrum von 61 Fuss im Umfange und 4300 Centner schwer.

Dem lüsternen Auge des Juwelenfreundes bietet sich auf dem Kreml noch ein weiteres Feld, als es die Kaiser-Paläste in und um Petersburg zu geben vermochten. Wer von Kronen, Diademen, Gold- und Silbermassen, ganzen Thronsitzen aus getriebenem Silber oder Goldblech, kostbaren Pferdegeschirren und Sätteln, Prunkwagen und seltneren Waffen angezogen wird, der findet im Waffenpalaste das nur Erdenkliche. Wer für die aufgehäuften Schätze hoher kirchlicher Würdenträger besonderes Interesse hat, dem werden durch einen gelehrten, sehr liebenswürdigen griechischen Mönch eine Sammlung von Mitra's (eigentlich goldnen Kronen) und Chormänteln gezeigt, die durch ihre

Edelsteine und Perlen den gesalbten Träger zu Boden drücken müssen. Das schwerste Kleid, ganz mit Perlen besäet, 3 Pud gleich 1 Centner schwer, muss selbst im strengsten Winter warm machen. Beim Verlassen des Patriarchen-Palastes übergab der artige Conservator im Talar und hoher cylindrischer Popenmütze, noch zwei Brochüren zum Andenken, welche wir dankbarst aufbewahren, aber aus Gründen nicht das Geringste daraus verrathen werden. Am Terem, einem Theile des alten Zarenpalastes — (nach altrussischer Schreibart „Tsar“), am sogenannten eckigen Palaste, endlich am grossen Schlosse oder Alexander-Palaste gehen wir vorbei, und halten uns nur noch vor dem Arsenale auf, an dessen ungeheurer Fronte die im Jahre 1812 erbeuteten Geschützrohre liegen, laut einer an der Mauer befestigten Messingtafel mit Legende „875 Stück“!

Diese stattliche Anzahl repräsentirt in Wirklichkeit mehr als hundert vierzig Feldbatterien. Unter ihnen befinden sich 366 französische Kanonen- und Haubitzrohre (nach meiner Schätzung meist Acht- und Zwölfpfünder, und Siebenzöllige), auf dem Langenfelde das mit der Kaiserkrone versehene N, in einem Strahlenkranze!

Die übrigen 509 Stücke vertheilen sich auf fast alle Staaten Europa's, und sind in diesem Verzeichnisse nach Contingenten summarisch aufgeführt. Soferne wir derselben im Folgenden eingehendere Erwähnung machen, sehen wir vom artilleristischen Interesse ab, welches die erheblichen Nuançirungen des damaligen Feldmaterials im Vergleiche zu dem heutigen betrachten lässt; es geschieht vielmehr, um der innigen Beziehung zur Geschichte Rechnung zu tragen.

Im Angesichte dieser Hunderte von Geschützen lässt sich wohl am besten vergegenwärtigen, wie es Napoleon dem Ersten, damals auf dem Gipfel seiner höchsten Macht, gelungen ist, fast alle Völker des europäischen Continents zum Riesenkampfe gegen das, — den masslosen Vergrösserungsplanen des französischen Cäsarenthums sich abhold zeigende Russland zu vereinigen. Waren schon die Beziehungen zwischen beiden Mächten seit den Jahren 1807—9, in Folge der von Russland gegen England nicht strenge gehaltenen Continentalsperre erkaltet, so schien die Vertreibung des Herzogs von Oldenburg aus seinem Besitze unter vielem Andern nur noch eine der mitwirkenden Thatsachen zu sein, den längst scharf gespannten Bogen der diplomatischen Beziehungen zum Bruche zu bringen.

Der Protest Russlands, welchem ein zu gleicher Zeit bei Warschau zusammengezogenes Beobachtungscorps von fünf Divisionen Nachdruck gab, beschleunigte das Hereinbrechen der Katastrophe, welche gradezu unvermeidlich geworden war, sollte überhaupt dem unerträglichen Uebergewichte des französischen Kaiserthums noch eine Schranke gesetzt werden. Die Namen der Nationalitäten, welche unter dem Drucke der politischen Situation, theils aus wohlbegründeter Besorgniss um ihre Selbsterhaltung, theils auch um ihre in Ohnmacht bereits versunkene Scheinexistenz noch länger fristen zu dürfen, sich an dem Völkerzuge gegen den mächtigen Osten betheiligten, haben sämmtlich mehr oder weniger Beiträge zu dem reichen Schmucke der Arsenalfronte geliefert. Was nicht in offener Feldschlacht verloren gegangen, das mag der nach und nach gefallenen Bespannung, auf den Monate währenden Märschen durch Schneefeld und Sumpfboden, durch Wälder und Buschwerk, auf die Rechnung geschrieben werden.

Ausser der weitaus beträchtlichsten Anzahl der französischen (wie oben angegeben 366), — finden sich nach einzelnen Contingenten geordnet 189 österreichische, 123 preussische, 70 italienische, 40 neapolitanische, 34 bayerische, 22 holländische, 12 sächsische, 8 spanische, 5 württembergische, 4 polnische, 1 westphälisches und 1 hannoveranisches Geschütz.

Von diesen aufgeführten souveränen Staaten finden wir im Laufe eines halben Jahrhunderts vier, als in andern untergegangen nur noch der Geschichte angehörend, während der Name eines Reiches „Italien“ — fünf Decennien lang nur mehr der Collectiv-Name für sechs transalpinische Mittel- und Kleinstaaten — sich zur sechsten europäischen Grossmacht aufgeschwungen hat!

Viele der hier nebeneinander gereihten Geschützrohre sind zu Krüppeln geschossen. Einzelne haben Stücke an der Mündung verloren, eines hat beide Delphinen, ein anderes beide Schildzapfen eingebüsst. Die lange Flucht der hier ruhenden ehernen Kampfgenossen hat noch etwas Erhebenderes, als alle in den Kirchen aufgehangenen Fahnen, deren Gruppirungen um Säulen weniger ansprechend erscheint, als die stumme Reihe der hier liegenden ehrwürdigen Todten, welche einst so laut und hartnäckig gekämpft haben und nun, in Friedhofsstille vereinigt, auf fremder Erde liegen.

In der Nähe des heiligen Thores auf dem grossen „rothen Platze“, ausserhalb des Kremls, fällt ein absonderlicher, unregelmässiger, in allen Farben spielender Kirchenbau uns sofort in die Augen, welcher nach den existirenden Abbildungen und Beschreibungen kein anderer als die Kathedralkirche Wassili-Blagennoi sein kann. Keine ihrer Kuppeln, keiner ihrer Thürme, ist dem andern gleich, die Dächer sind bald glatt, bald schuppig, dann wieder gewunden. Auf einem verhältnissmässig nur niedrigen Rumpfe bauen sich in grotesker Weise die hochragenden Häupter auf. Der Dom Wassili-Blagennoi gilt als eine Haupt-Wallfahrtskirche der russisch-griechischen Confession, aus allen Theilen des Reiches strömen das ganze Jahr Pilgerschaaren dahin, um an den Schreinen der Heiligen ihre Andacht zu verrichten, Busse zu thun und ihre Opfergaben niederzulegen.

Sei es uns, ehe wir diese merkwürdige Kirche näher anschauen, gestattet, Lübke's Urtheil, wie er es in seinem „Grundrisse der Kunstgeschichte“ ausspricht, vorauszuschicken, in gleichem Grade bündig, wie erschöpfend.

„Die russische Architektur hat einen Geist abenteuerlicher Phantastik, der nicht allein jeder Regel „spottet, sondern auch dem einfach Schönen, übersichtlich Klaren nach Kräften aus dem Wege geht. Der „Grundplan der Gotteshäuser befolgt auch hier die „byzantinische Form; Kuppeln und Tonnengewölbe bedecken die Räume, deren Ausstattung prunkvolle „Ueberladung mit Gemälden und kostbaren Steinen „zeigt. Ist bei alledem der Eindruck des Innern düster „und lastend, so erhebt sich das Aeussere zu einer so „ausschweifenden, phantastischen Ueberfülle, wird so „gänzlich von Kuppeln, Thürmen und Kuppelthürmen „erdrückt, die in grellen Farben und reicher Vergoldung blitzen, dass das Auge in dem märchenhaften „Wirrwarr sich verirrt. Barbarisch verwilderte Ornamente gesellen sich zu dieser an sich schon überaus

„bunten Massenentwicklung, und vermischen sich im „Laufe der Zeit mit den Bauformen des abendländischen „Mittelalters und später mit den Details der italienischen „Renaissance zu einem tollen architektonischen Quodlibet. „Das gepriesene Hauptwerk ist die 1554 erbaute Kirche „Wassili-Blagennoi zu Moskau, aus deren niedrigem „Körper eine Unzahl von Kuppeln und Thürmen, wie „ein Knäuel glitzernder Riesenpilze aufragt."

Um zu der Hauptpforte zu gelangen, müssen wir über eine Anzahl alter Leute in braunen Kutten, ähnlich jenen der Franziskaner, aber ohne Kapuze, hinübersteigen, welche dort, Männer und Weiber gleich costümirt, auf den Treppen herumliegen. Dicke, lange Prügel, Amulete an Hals und Gürtel, lassen sie als Pilger, wohl tief aus dem Inneren des Reiches kommend, erkennen, und scheint es, dass sie dieses Geschäft gewerbsmässig betreiben. Alle sind barfuss. Das Geschlecht war fast nicht zu unterscheiden; bei den Weibern war die angeborne Zartheit der Züge durch allerlei Einwirkungen längst verloren gegangen, am Kinne sprossten reichlich lange Barthaare, grau und weiss, um das Gepräge holder Weiblichkeit noch mehr zu verwischen.

Das Innere der architektonischen Missgestalt bildet fünf, unter sich ganz getrennte runde Kirchen, von mässigem Umfange, welche nur durch enge, mannshohe Gänge unter sich verbunden sind. Nur eine derselben ist stets offen, die anderen wurden uns aufgesperrt. Eine jede derselben eignet sich einen der fünf Hauptkuppelthürme, welche alle innen bis zur Spitze hohl sind, als Dach an. Die Bemalung der Wände ist roh, — blau, gelb und roth untereinander, und steht auf niederer Stufe der Kunst. Es bleibt gradezu unbegreiflich, wie Iwan, genannt der Schreckliche, von diesem Wunderbau so entzückt gewesen sein kann, dass er, wie die Legende behauptet, nach der Vollendung dem Baumeister die Augen ausstechen liess, damit er nicht im Stande sei, noch irgendwo einen zweiten, diesen vielleicht übertreffenden, auszuführen, mindestens ihn zu erreichen.

Das heutige Russland weiss seine Architekten und ihre wirklich erstaunlichen Leistungen anders zu lohnen!

Unfern der ebengenannten Basiliuskirche nimmt eine andere Merkwürdigkeit uns in Anspruch, nämlich sechstausend Verkaufsläden unter einem Dache. Es ist der weit ausgedehnte Kaufhof (Gostinoi-Dwor), eigentlich ein mit Arkaden überbautes, rostförmig durch viele Parallelen verbundenes Quadrat. Man denke sich jedoch keine eleganten Bazars, wie sie in den Passagen von Paris, Brüssel und Mailand sich dem Auge darbieten. Die Ausstattung ist die denkbar einfachste, aber für das Bedürfniss ausreichend, wie dem Zwecke entsprechend. Die verschiedenen Waarengattungen sind hier nicht untereinander gemischt, sondern jede einzelne Branche ist nur in ihrer bestimmten Reihe zu finden. Dieser Bazar bietet eine Promenade, welche man Tage lang fortsetzen kann, und stets Neues sieht.

In einer Zwischenbude wurde ein kühlendes, leicht moussirendes Getränk ausgeschenkt, welches Kisly-Schtschi genannt wird, und wie wir bestätigen müssen, sehr durstlöschend ist.

Wir haben im Slavenski-Bazar in Kitaigorod, — in der sogenannten chinesischen Stadt (wahrscheinlich von der sie umgebenden hohen weissgetünchten Mauer, abenteuerlich geschmückt mit Zinnen und

Thürmen) — Wohnung genommen. Dieser elegante Gasthof ist annähernd nach westeuropäischer Art eingerichtet, und tragen z. B. sämmtliche Kellner den schwarzen Frack, während die unter dem Portale stets bereitstehenden vier Dworniks (Hausknechte, Lohndiener) die kleidsame russische Nationaltracht behalten haben.

Um jedoch ein in vollkommen altrussischer Weise geführtes nobles Gasthaus zu sehen, muss man unter Anderm vornehmlich den „Eremitagé Traktyr“ aufsuchen, die feinste Restauration in ganz Moskau. Vier grosse, in einander gehende Säle, in dunklem Roth und maurischer Ornamentik öffnen sich; eine Unzahl von Aufwärtern, alle gleich in weisse Ueberhemden und Pumphosen mit rothseidenen Leibgürteln gekleidet, treibt sich lautlos und geschäftig darin herum. An hohen Kirchenfesttagen verwandeln sich die weissen Baumwollhemden in seidene, von blauer oder rother Farbe. Eine Schwarzwälder Spieluhr, von der Grösse einer Kirchenorgel, deren Ankaufspreis auf 25,000 Silberrubel angegeben wird, produzirt sich während der Stunden des Diners; wir waren so glücklich, die eminent ausgeführte Ouverture zu Rossini's Tell von ihr zu hören. Die Bedienung ist vortrefflich, und zeigt von einer Kellnerschule, wie sie in den Restaurants des Palais Royal nicht besser gefunden wird; keine unnöthige Silbe wird gesprochen, jeder Wink wird errathen, im Momente des Erhebens zum Gehen präsentirt auch ein hinter dem Stuhle stehender Aufwärter den Hut, wie man es nur bei Hofe gewöhnt ist. Die Preise sind für unsere „deutsche Gewohnheit“ allerdings etwas hoch, allein in Rücksicht auf den

Luxus der Ausstattung und die Menge des Personals, welche solche Etablissements uns schauen lassen, nicht übertrieben.

Wir fragten beim Fortgehen den gefälligen süddeutschen Landsmann, welcher gleich uns hier Mittag gemacht hatte, und in Folge mehrjährigen Aufenthalts in Moskau der russischen Sprache mächtig geworden: Wie viele Aufwärter sind denn eigentlich in dieser Restauration? Antwort: „Einhundertfünfzig und vierzig Mann in der Küche!" (Wir geben diese Zahlen, wie sie uns genannt wurden, wahrheitsgetreu wieder, auch auf die Gefahr hin, dass sie Einem oder dem Andern zu hoch erscheinen mögen.)

In einem andern grösseren Restaurant der Boulevards, zunächst dem Industrie-Ausstellungs-Gebäude, traten wir früh, etwa um neun Uhr ein, um Caffee zu trinken. (Dieses erfordert stets einigen Aufenthalt, da in Russland überall in der Regel nur Thee zum Frühstück genommen wird.) In den verschiedenen grossen Gasträumen waren die Aufwärter mit kleinen Berufsarbeiten, Serviettenfalten, Cylinderputzen u. s. w. beschäftigt. Nach russischem Gebrauche ist in einer der vier Ecken jedes öffentlichen Gemaches (Gastzimmers, Comptoirs) ein Heiligenbild, vor welchem fortwährend ein Licht brennt, ein Herkommen, welches mit den Zimmern der Tyroler und südbayerischen bürgerlichen und Landbevölkerung, wo das Crucifix in der Ecke ebenfalls nie mangelt, viel Uebereinstimmendes hat.

Als der Hôtelbesitzer in das erste Zimmer, wo wir sassen, eintrat, schritt er vorerst gegen das Bild, machte drei Kreuze, verneigte sich dreimal gegen dasselbe, worauf er gegen sein Personal gewendet, deren gleichzeitige tiefe Verbeugung als Morgengruss entgegennahm. Wir folgten ihm leise und fanden, dass in jedem Zimmer die gleiche Formalität sich wiederholte. Die Sitte, bei dem Eintritte in ein Appartement mit den Blicken sofort das Bild zu suchen und sich zu bekreuzen, ist in Russland allgemein. Wir fanden sogar öfter, dass Passagiere beim Einsteigen in das Eisenbahn-Coupé ihrem religiösen Gefühle in dieser Weise auch äusserlichen Ausdruck geben.

Möglichst viele dienstbare Geister in seinem Hause zu haben, ist wie schon oben bei Petersburg erwähnt wurde, der Stolz des Hausherrn, gehöre er nun zu einer Classe, zu welcher er wolle. Wie in den Palais des Adels, in den Hôtels und Restaurationen findet man auch in den grossen Kaufläden ein das Bedürfniss weit übersteigendes Personal. Namentlich fällt dieses auf in den verlockenden Gewölben der Armenier, welche persische Caschmirs, Atlasschlafröcke, schwere buntfarbige Seidenstoffe, kaukasische Metallarbeiten und Tula-Gegenstände, Dosen, Dolche, Haarschmuck, türkische Pfeifen, Bernsteinwaaren, Cameen u. s. w. feilhalten. Da ihre Waaren fast nicht zu bezahlen sind, so nehmen die Fremden meist Anlass, nach Etwas zu fragen, um flüchtig ihre ausgebreiteten Schätze überschauen zu können, aber in jedem dieser Läden wird man vier oder fünf unthätig herumstehende, in der Regel schöne Leute, in ihrer schmucken Nationaltracht finden, welche nichts zu thun haben als die Thüre auf- und zuzumachen, und dem Fremden mit Verbeugungen das Geleite zu geben.

Als eine höchst interessante Spezialität unter den

Verkaufsläden Moskaus (auch Petersburgs) stehen die grossen Thee-Magazine mit obenan. Nicht nur hat sich einer der feinsten aller nur existirenden Wohlgerüche in ihnen eingebürgert, und entzückt die Geruchsorgane, wie selten anderswo, sondern es ist auch die, in den meisten vollkommen chinesisch durchgeführte Einrichtung der Lokale schon eines Besuches werth.

Aechte schwere Teppiche aus China bedecken den Boden, eben solche Tapeten die Wände; die zahlreichen Sorten der meist auf dem Landwege hertransportirten Waare, — (desshalb Caravanen-Thee genannt) sind in elegant lackirten Kästchen, mit farbigen Bildern und vieler Vergoldung ausgestattet, prangend mit den Erzeugnissen einer Industrie, durch welche das Reich der Mitte längst bekannt geworden, und seinen Absatz in alle Welt gefunden hat. Bei dem ausserordentlichen Consum dieses Artikels in Russland, — des unentbehrlichen Tschai, ist der Handel mit China zu einer grossen Bedeutung gelangt.

Aus dem Zusammenhalte der kurzen Aufzeichnungen, welche wir hier zu geben versuchten, wird dem Leser wenigstens klar geworden sein, dass Moskau im Allgemeinen eine schon stark ausgeprägte orientalische Färbung an sich trägt, obgleich die sogenannte französische Tracht, wie sie der ganze Mittelstand, und selbstverständlich die vielen hier wohnenden Ausländer im Gebrauche haben, auf den Strassen vorherrscht. Unter der altrussischen Pelzmütze des Eingeborenen taucht häufig das rothe Fez des Türken und Griechen, der hohe schwarze abgestutzte Kegel des Persers auf; Moskau ist ein Weltplatz und unter den Binnenstädten Europa's wohl die einzige, wo sich so viele Nationalitäten im bunten Gewirre untereinander treiben, wie sie die Hafenstädte Triest, Livorno und vorzugsweise Marseille uns vor Augen führen.

Die Damenwelt Moskau's richtet sich, wie es scheint, ausschliesslich nach dem Pariser Journal, und hat die Juni-Mode 1874 mit ihren hohen Coiffuren und rückwärts hochgeschürzten Tuniken an der Moskwa so gut, wie an der Seine, ihr unerbittlich strenges Scepter geführt. Dem feinen Kennerauge würde nur vielleicht hier die unharmonische Zusammenstellung halbverwandter Farben auffallen, wie wir z. B. Hochroth, Carmoisin und Orange öfter friedlich, aber nichtsdestoweniger unschön, vereinigt sahen.

So lohnend und empfehlenswerth ein Besuch von Moskau ist, weil sich in ihm altrussische Bauart und Sitte unverändert erhalten hat und ganz anders abspiegelt, als in dem modernen Petersburg, so waren wir doch nicht ungehalten, nach dreitägigem Aufenthalte, mittels des nothdürftigen Gefährtes eines Iswoschtschiks uns wieder zur Abfahrt gerüstet im Bahnhofe zu wissen. Die Hitze war am dritten Tage gradezu erdrückend geworden, und wenn, wahrscheinlich in Folge eines entfernt entladenen Gewitters, einzelne Windstösse durch die langen, breiten Strassen daherbrausten, warfen sie uns lawinenartig wachsende Staubwolken entgegen.

Zudem entbehrt das allseitig vom Meere weit entfernte Moskau den Vorzug der kühlenden Seeluft, wodurch alle, unfern der See gelegenen Städte, sich einer angenehm gemilderten Temperatur erfreuen, eine Eigenschaft, welche namentlich Petersburg in hohem Grade zu Theil wird. Wenn die alte Moskowiterhauptstadt ihre Gründung auf Wladimir den Zweiten, mithin in das zwölfte Jahrhundert zurückzuführen vermag, und schon aus diesem Grunde in vielen Beziehungen interessanter als die jugendliche Capitale an der Newa ist, ebenso die letztere an solidem Reichthume bedeutend überragen soll, so erreicht im Ganzen Moskau an Schönheit und Eleganz doch niemals das „wahrhaft kaiserliche“ Petersburg!

V.

Von Moskau über die Schlachtfelder von 1812. — Mosaisk. — Smolensk. — Im Eisenbahn-Coupé. — An der Beresina.

Es war am 14. und 15. September 1812, als die französische grosse Armee, wonnetrunken von dem Anblicke der Paläste, der vergoldeten Dome und unabsehbaren Häusermassen des prächtigen Moskau, in die altrussische Hauptstadt einzog, und die erlebten Strapazen, welche der dreimonatliche Marsch, seit das Gros den Niemen überschritten hatte, ihr auferlegt, nun behaglich vergessen zu können, träumte.

Am Morgen des dritten Tages begann jedoch auch der verheerende Brand, mit welchem Rostopschin, das gehoffte Capua den Franzosen vereitelnd, binnen acht Tagen mehr als 13,800 Häuser und Paläste in Asche legte, so dass nur der prachtvolle, die Stadt ringsum beherrschende Kreml und etwa der zehnte Theil aller Gebäude unversehrt blieb. Erst nach fünf Wochen, am 19. Oktober, hielt es Napoleon an der Zeit, seine Armee aus den endlosen Trümmerhaufen, welche ein rasendes Feuermeer aus eleganten Strassenzeilen in weite Schauerstätten des Todes und der Verwesung verwandelt hatte, zurückzuführen, für ihn ein harter, aber von der unerbittlichen Nothwendigkeit dictirter Entschluss!

Wenn er selbstverständlich hierzu den graden, mithin kürzesten Weg zu nehmen gezwungen war, so trifft dieser aus gleichen Gründen mit der heutigen Bahnlinie von Moskau zum Bug zusammen, da bei der geringen Bevölkerung und den wenigen Städten von einiger Bedeutung, für ein erhebliches Abweichen von der alten Heerstrasse bei Anlage dieser hauptsächlich strategischen Zwecken sich anpassenden Bahnlinie ein Anlass nicht gegeben sein konnte. Aber grade durch dieses Zusammentreffen gewinnt die an landschaftlicher Schönheit nichts bietende Eisenbahnreise von 1023 Wersten (gegen 300 Stunden) von Moskau zur polnischen Grenze ein hohes Interesse, soferne man an der Hand der neueren Geschichte diese weiten Landstriche durchfährt, an welchen, durch die Verhältnisse bedingt, seit 62 Jahren Cultivirung und Anbau wenig oder nichts geändert haben.

Auf den ausgedehnten Schlachtfeldern von Leipzig und Waterloo sind es die verschiedenen Monumente, welche dem veränderlichen Zustande solch' stark bevölkerter Flächen, wo ein halbes Jahrhundert die Anhaltspunkte theilweise verwischen würde, thunlichst entgegenwirken, und bei Aufsuchen der wichtigeren kriegsgeschichtlichen Objekte als Richtpunkte dienen.

Anders jedoch ist es in den hier zur Sprache kommenden, dünn bevölkerten Gouvernements Mittelrusslands, nämlich von Grodno, Smolensk und Minsk, wo Waldflächen die Hälfte des ganzen Areals bedecken und die Bevölkerung auf 1362, 1174 und sogar 684 Seelen per Quadratmeile herabsinkt.

Dass unter solchen Umständen die Bewachsung und übrigen Bodenverhältnisse seit dem Jahre 1812 fast unverändert geblieben sein mögen, dürfte anzunehmen sein, und die hauptsächlichste der dem Auge wahrnehmbaren Wandlungen wird sich auf die etwa 60 bis 70 Schritte breit durchforstete Waldlichtung beschränken, in deren Mitte ohne erhebliche Schwierigkeit das Schienengeleise gelegt worden, ohne im Uebrigen den Charakter der Gegend auch nur im mindesten dadurch zu verändern.

Was die Geschichte mit ehernem Griffel in ihre Tafeln geschrieben hat, ist unvergänglich, aber die Zeit lässt die Tinten blässer werden. Neue Ereignisse drängen die früheren in den Hintergrund, und so ruht es nur in einem natürlichen Gesetze, wenn Borodino und Smolensk seit Solferino, Sadowa und Sedan wenig mehr genannt werden. Haben sich ja auch die Helden jener Tage, wie fast alle ihre Coätanen, zur ewigen Ruhe gelegt, und wo die gütige Vorsehung einem einzelnen Ueberlebenden das Auge noch nicht geschlossen, da will es doch bald Abend werden.

Selbst wenn man im bequemen Wagen und, wie wir, bei völlig wolkenlosem blauem Himmel oder heller Sternennacht, wo die volle Mondscheibe durch die dunkeln, gleichförmigen Nadelwälder blitzt, über diese endlosen Strecken dahinfliegt, mag uns bisweilen ein wehmüthiges Gefühl der Einsamkeit beschleichen. Mehr wie je sind wir dann auch befähigt, in dieser Gemüthsstimmung die Vorstellung in uns aufzunehmen, wie die Lage jener Tausende gewesen sein müsse, monatelang unter nie ruhender Verfolgung eines unerbittlichen Feindes, in der fürchterlichsten Dezemberkälte, in Lumpen und ohne jede Nahrung, — jeder Orientirung bar, ausser jener, welche Auf- und Niedergang der Sonne gibt, — durch dieses Gestrüppe, Schritt für Schritt, sich durchzukämpfen, um fern von der Heimath endlich doch zu erliegen! An der Beresina — — —

Doch wir vergessen, dass unser Zug den Westbahnhof Moskau's noch gar nicht verlassen hat, indessen der Gedankenflug der weiten Strecke, welche wir bis zu ihr zurückzulegen haben, entfesselt voraneilte.

Während wir zu Moskau vom Gasthofe nach dem Warschauer Bahnhofe fahren, kommen wir in einer schönen breiten Strasse an einer Brandstätte vorüber, wo seit dem gestrigen Abende fünf Häuser in rauchenden Trümmern liegen. Am Nachmittage unserer Ankunft signalisirten die in den einzelnen Stadttheilen (wie auch in Petersburg) erbauten Feuerwachtthürme ebenfalls zwei verschiedene Brände, mittelst ihrer auf der Plattform aufgestellten optischen Telegraphen. Es findet hierin seine Bestätigung, dass Feuerallarm in Moskau zu den täglichen Vorkommnissen gehört, obgleich bei den breiten Strassen und den niedrigen Gebäuden des weit auseinander liegenden Moskau besondere Gefahr dadurch nicht entsteht, und nur der betreffende Stadttheil in einige Aufregung versetzt wird.

Auf dem Bahnhofe selbst ist ein grosser Andrang von Reisenden zu unserem Abendzuge, erklärlich durch die Grösse der Stadt, die geographische Lage derselben im Centrum des europäischen Russlands und ihre Eigenschaft als Hauptsitz des Binnenhandels für alle Produkte, welche der reiche Süden, Kaukasien, Persien und die Hinterländer des nahen Asiens ihr zuführen.

Schon im Jahre 1871 war Moskau der bedeutendste Knotenpunkt der Eisenbahnen Russlands. Sechs vollständig im Betrieb stehende Bahnen treffen dort zusammen, und alle von hervorragender Wichtigkeit. Vom Nordwesten her die Nikolai-Bahn; vom Nordosten jene von Jaroslaw, in der Richtung gegen Archangelsk; von Osten jene vom bekannten Handelsplatze Nischnei-Nowgorod; von Südosten jene von Saratow, von dem südlichen Wolgagebiete und Nowo-Tscherkask am Asow'schen Meere; von Süden jene von Odessa; endlich vom Westen jene von Warschau und Riga, welche sich in Smolensk vereinigen.

Der Personenverkehr aus dem Innern des russischen Reiches nach der Westgrenze, nach Deutschland und den österreichischen Staaten, beschränkt sich zur Zeit noch auf vier durchgehende Bahnen und ebensoviele Grenzübergangspunkte „Wirballen, Alexandrowsk, — Granicza (Szczakowa) — und endlich Podwolzk“. Mithin fällt jeder dieser Bahnen eine bedeutende Aufgabe zu, und die einzelnen Züge sind um so stärker besetzt, als höchstens drei in vierundzwanzig Stunden nach beiden Richtungen abgehen.

Der Lokalverkehr ist, mit Ausnahme der Moskau zunächst gelegenen Stationen, jedoch unbedeutend, und wird mit der Abfertigung an einzelnen Haltstellen wenig Zeit verloren. Auf jeder, auch der unbedeutendsten Eisenbahnstation wird der Reisende mindestens zwei Bewaffnete auf dem Perron gewahr werden. Es sind diese jedoch nicht immer Leute der Gensdarmerie, (welche zwar in allen Gouvernements in kleinen Abtheilungen verschiedener Grösse, vorzugsweise im Nordwesten des Reiches und Polen dislocirt sind, wenn auch im Ganzen für die Ausdehnung der russischen Ländermasse nach Verhältniss wenig zahlreich), — sie gehören vielmehr häufig den Distrikts- und Etappen-

Commandos an. Letztere sind keine ephemeren Stellen für Kriegsdauer, wie im deutschen Heere, sondern ständige militärische Behörden, welchen die Aufrechthaltung der inneren Ordnung und Sicherheit, der Transport und die Bewachung Gefangener u. s. w. übertragen ist, und zu diesem Zwecke Abtheilungen von 40 bis 400 Mann zur Disposition haben, die Gensdarmerie in ihrem Dienste zu unterstützen.

So lange wir uns noch innerhalb des Gouvernements Moskau befinden, welches unter die stärker bevölkerten, reich bebauten und an Wald ärmeren zählt, verursachen blühende Dörfer bisweilen einen kurzen Aufenthalt, zu welchem jedoch nach einigen Stunden immer seltener Anlass gegeben ist.

Etwa fünf Zeitstunden, nachdem unser Zug Moskau verlassen hat, bemerkt man ungefähr tausend Schritte von der Eisenbahnstation, rechts auf der Höhe eine grosse, weisse Kirche. Es ist Mosaisk, in dessen Nähe am 7. September 1812 der Riesenkampf gekämpft wurde, welchen die Russen die „Schlacht von Borodino“ die Franzosen dagegen, die „Schlacht an der Moskwa“ nennen.

Nach dem Rückzuge von Smolensk hatte Kutusow die vorzügliche Position, welche hier das waldige Hügelland am rechten Ufer der Kolozka vor ihrem Einflusse in die Moskwa bietet, mit fünf mächtigen Verschanzungen verstärkt und verlegte mit 140,000 Mann der heranziehenden französischen Hauptarmee die grosse Heerstrasse von Smolensk nach Moskau.

Die mit Gebüsche besetzten Ufer des kleinen Flusses maskirten die aufgepflanzten Batterien, hinter welchen Kutusow sein Feldlager aufgeschlagen hatte, und das feindliche Heer erwartete.

Es ist bekannt, dass nach blutigem Ringen, und nachdem die Verschanzungen genommen, theilweise verloren und wieder genommen waren, nachdem mit der zähesten Ausdauer auf beiden Seiten gefochten worden, am Abende die Franzosen den grössten Theil des Schlachtfeldes inne hatten, welches über fünfzig Tausend Todte und Verwundete aus beiden Heeren bedeckten. Der geordnete Rückzug der Russen am 8. früh über Mosaik wurde von Napoleon nicht mehr behindert.

Das eigentliche centrale Schlachtfeld, wie auch das Dorf Borodino selbst lässt sich von der Eisenbahnstation Mosaisk nicht wahrnehmen. Letzteres mag etwa eine Meile entfernt sein, und wird durch die grösstentheils waldigen niedrigen Hügel auf dem rechten Ufer von Kolozka und Moskwa verdeckt. Wo jetzt die Moskau-Smolensker Bahn läuft, durchschneidet sie nur im rechten Winkel den linken Flügel der russischen Aufstellung, nämlich des dritten Infanterie-Corps unter General Tutschkow I. und der Kosaken unter Karpow.

Gegen 3 Uhr Morgens hält unser Zug in Gjatsk, wo Napoleon (auf dem Vormarsche) am 1. September eingetroffen war, und in der verbrannten Stadt seinen Truppen am 2. und 3. Rasttag gegönnt hatte. Um halb sechs Uhr früh gelangt man nach Wjäsma, wo Napoleon mit dem grossen französischen Hauptquartier am 30. August übernachtet hatte. Ungleich wichtiger als dieser an sich unbedeutende Vorgang ist es, dass der Kaiser Frankreichs hier erfuhr, der bisher von Barklay de Tolly innegehabte Oberbefehl sei inzwischen an Kutusow, unter gleichzeitiger Erhebung desselben in den Fürstenstand, übertragen worden. Bei dem hohen Vertrauen, welches sich an Kutusow's Namen knüpfte, dessen Ernennung von der russischen Armee mit Begeisterung aufgenommen wurde, konnte sich Napoleon bald klar werden, welch ungleich gefährlicherer Gegner mit diesem Wechsel der obersten Leitung für ihn erwachsen sei.

Gegen Mittag glänzen die weissen Mauern und Zinnen, die Kuppeln und Thürme der ansehnlich befestigten Stadt Smolensk, links auf der Höhe hingestreckt, herüber, des ersten bedeutenden Punktes auf dieser 56 Meilen langen Strecke, welche wir seit Moskau zurückgelegt. Smolensk (über 22,000 E.) breitet sich auf beiden Seiten des Dnjepr aus, dessen auf dem rechten Ufer niedrig gelegener Theil die Petersburger Vorstadt heisst, und in welcher jetzt der ausgedehnte Bahnhof Platz gefunden hat.

In dem dreitägigen Kampfe um den Besitz von Smolensk, am 17., 18. und 19. August 1812 (nach russischem Kalender am 5., 6. und 7.), war der grösste Theil der Stadt in Flammen aufgegangen und zwanzig Tausend Todte und Verwundete deckten die Wahlstatt. Obgleich beide Heere, wie drei Wochen später bei Mosaisk, so auch hier mit der äussersten Tapferkeit sich geschlagen hatten, blieb nach Einnahme des Platzes unter allen Gesichtspunkten der Vortheil auf Seite der Franzosen. Trotz der erlittenen Verluste und der theuer erkauften günstigeren Lage hatte Napoleon wenigstens insoweit Luft bekommen, dass er die Nachhut der gegen Moskau abziehenden Armee drängen konnte, und Barklay dadurch noch einmal zwischen Walutina Gora und Lubino zu einem blutigen Treffen zwang.

Westlich von Smolensk beginnt das eigentliche Waldland, welches nunmehr die Hälfte allen Areals des grossen, an Flächeninhalt dem Königreiche Böhmen gleichkommenden Gouvernements dieses Namens bedeckt. Nur selten von einer kleinen Bahnstation, wo stets unabsehbare Massen zu Scheitern verarbeiteten Brennholzes aufgeschichtet sind, aufgehalten, schnaubt die Lokomotive unermüdet durch schnurgerade ausgehauene Föhrenschläge, welche dem Auge nicht die mindeste Abwechslung bieten, dem Westen zu.

Häufig unterbrechen schwärzliche Sandmeere, Hunderte von Tagwerken gross, aus welchen nur einzelne, dürre, kronenlose Stangen hervorragen, den dichten Baumwuchs. Es sind die Stellen, wo langwährende Waldbrände ungehindert ihr Spiel getrieben haben. So sehr sie auch im Anfange durch die grossen Dimensionen der zerstörten Flächen die Aufmerksamkeit auf sich ziehen müssen, so wenig vermögen sie, bei so häufiger Wiederholung, mit ihrem unendlich traurigen Anblicke das Auge zu fesseln Man wird sich aus den Zeitungen erinnern, dass das Brennen grosser Waldkomplexe im westlichen Russland vor etwa zwei Jahren zu einer Bedenken erregenden Höhe stieg.

Angesichts dieser sterilen Länderstriche wird es einem erst recht einleuchtend, welches Wagestück von nicht zu berechnender Tragweite Napoleon I, übermüthig im Taumel kriegerischer Erfolge, mit seiner Kriegserklärung an Russland eigentlich unternommen hatte.

Auch ohne die Mitwirkung der 1812 ausserordentlichen, seine Truppen decimirenden Kälte, auf deren vorzeitigen Eintritt er allerdings nicht zählen konnte, da sie nach der von ihm angeordneten Zusammenstellung der mittleren Temperatur in den verschiedenen Monaten der zwanzig vorausgegangenen Jahre nicht anzunehmen war, musste schon die Verpflegung solch' riesiger Massen, trotz der in Litthauen, namentlich um Wilna, aufgehäuften Vorräthe, als eine fast unlösliche Aufgabe erscheinen.

Selbst dem heutigen, der Vollkommenheit ziemlich nahegerückten, preussischen Etappenwesen (wenn die damaligen Armeen sich eines solchen nur in seiner primitivsten Organisation hätten erfreuen dürfen!) würden diese menschenleeren, ausser Holz fast nichts producirenden weiten Einöden grosse Schwierigkeiten bereitet haben. Der Courierzug fährt stundenlang, bis eine kleine Ortschaft, aus schwärzlich verwitterten Balken und Brettern gezimmert, uns begegnet, Hütten, welche keinen Zweifel aufkommen lassen, dass sie nicht viel mehr als das nackte Leben der Inwohner bergen können, und wo schon der Begriff einer Requisition als Hohn erscheint!

Nur ein blindes Vertrauen auf das Glück, welches sich ein und ein halbes Decennium dem französischen Imperator treu gezeigt hatte, lässt es erklären, wie Napoleon trotz der ungünstigen Auspicien, unter denen er die Westgrenze Russlands überschreiten musste, den Gedanken festzuhalten vermochte, seine siegreichen Adler in das Herz des feindlichen Reiches, das „heilige Moskau“ tragen zu wollen!

Wog man die beiderseitigen Steitkräfte gegen einander, mit welchen sich in furchtbaren Rüstungen die Hälften Europas gegenüber traten, so fiel damals schon die Wagschale auf Seite Russlands, weil bei gleich starken Armeen, welche das strategische Schachbrett betraten, dem Vertheidiger seiner Grenzen die Kenntniss des eigenen Landes, sowie die Natur desselben zu Hilfe kam, indem breite, offene Flüsse, Moräste, undurchdringliche Wälder und unbewohnte Sandstrecken, die einzigen verwundbaren Gebiete des russischen Westens deckten.

Einerseits lieferten Oesterreich, Preussen, Spanien, Portugal, Neapel, das Königreich Italien, Illyrien, Polen, der Rheinbund, die Schweiz, endlich Frankreich, welches damals auch Rom, Toskana, Hamburg und Holland umfasste, ihre Kontingente, so dass noch niemals Völker so verschiedener Klimate und Sprachen unter einerlei Fahne vereinigt waren.

Nach Abzug der Reserven, welche an der Weichsel, Oder und Elbe echellonirt waren, hatte Napoleon, am Niemen angelangt, 370,000 Mann zur Verfügung, welche nebst der Garde, in dreizehn Armee-Corps getheilt waren.

Andererseits berechneten sich die disponiblen Kräfte Russlands, wie sie in erster Linie aufgestellt waren, auf 360,000 Mann, indem die erste Armee unter Barklay de Tolly mit 160,000 — die Besatzungen der Festungen der Grenze 40,000, — die zweite Armee unter Bagration 50,000 mit Zurechnung der Schwärme unregelmässiger Kosaken und der sogenannten Reserve-Armee unter Tormassow, die obige Summe ergeben.

Welche Masse von Lebensmitteln verlangen täglich siebenmalhunderttausend Mann und etwa hundertfünfzigtausend Pferde, welche auf einer, im Verhältniss nicht tiefen Landstrecke, wenn auch viele Meilen lang, zusammengedrängt sind? Wie war die Beischaffung derselben bei den damaligen Verkehrsmitteln überhaupt möglich? Solche Fragen drängen sich beim Anblicke der Kriegsschauplätze von 1812 wohl auf, aber sie bleiben die Antwort darauf schuldig!

Nachdem wir voraussichtlich auf mehrere Stunden durch die Aussenwelt und verlockende Blicke auf die Umgegend nicht abgezogen werden, uns auch das Glück des Schlafes im Wagen versagt ist, haben wir Zeit, dem Inneren unseres Coupé's etwas Aufmerksamkeit zu schenken.

Wie die russischen Waggons überhaupt mit allen Bequemlichkeiten ausgerüstet sind, dass man Tage lang nicht auszusteigen braucht, so ist auch ein Verlassen derselben zum Zwecke des Essens und Trinkens nur in den seltenen Hauptstationen angezeigt, und Jedermann thut wohl, sich mit Lebensmitteln vorzusehen. Der Russe ist auf Grund dieser Frfahrungen auch für weitere Fahrten praktisch eingerichtet. Nie fehlt bei seinem Reisegepäcke neben warmen Decken ein mächtiges Kopfkissen und ein ansehnlicher Vorrath von *papyros* (Cigaretten), welche bei der kurzen Dauer derselben er stets wieder durch eine andere zu ersetzen nicht ermüdet.

Bei dem Damen-Handgepäcke gesellt sich hierzu in der Regel noch ein kleiner Theekessel. Auf Verlangen wird, auch an kleinen Stationen, gegen eine Remuneration von einigen Kopeken heisses Wasser durch das Fenster hereingereicht, so dass der zu jeder Stunde des Tages wie der Nacht sehr beliebte Tschai (Thee) bereitet werden kann. Wenn dann der Kessel anheimelnd seinen brodelnden Inhalt durchrinnen lässt, und die Besitzerin mit dem Ausdrucke innerer Zufriedenheit den lieblichen Duft einsaugt, wird auch bald die feine, weisse Hand den mit Stempelpapier umklebten kleinen Carton hervorholen und dem schönen Munde eine Cigarette zuführen.

Sich gegenseitig um Feuer zu bitten, ist allgemein, und wird auch selbst ein stummes Ersuchen von keiner Dame übel genommen. Es besteht dort gewissermassen eine Art von Freimaurer-Bund zwischen allen Rauchenden, dessen erster und liebenswürdiger Paragraph die gegenseitige Unterstützung zur Erreichung des hohen gemeinsamen Zweckes ist. Als ich mich einst vergeblich mit einem eigensinnigen Zündhölzchen abmühte, reichte mir eine Dame in Trauer, gesetzten Ansehens, verbindlich ihre Cigarette dar, ohne dass wohl in dieser Gefälligkeit die geringste Avance gesucht werden darf.

Die Sitte des Rauchens ist gewiss in keinem Lande so allgemein unter allen Ständen der Gesellschaft, wie beiden Geschlechtern, verbreitet. Der Consum an Cigaretten muss ein ganz ausserordentlicher sein, indem selbst jüngere Damen sich dieselben aneignen. Um so auffallender erscheint es, dass jenseits der Ostsee bei den schwedischen Nachbarn diese Gewohnheit gar keinen Anklang gefunden hat, und der Tabak nur bei den niederen Ständen, wo das Kauen an der Tagesordnung ist, Verwendung findet. Die aus dem Inlande bezogenen und zu verarbeitenden Tabake liefert hauptsächlich die Ukraine, die Krim und das Gebiet der Wolga.

Am zweiten Abende, zwischen sechs und sieben Uhr, erinnert der Ausruf des Condukteurs: „Station Borissow!“ dass wir uns in der Nähe der geschichtlich ewig denkwürdigen Stelle befinden, wo der schreckliche Uebergang über die Beresina stattgehabt.

Aus der Kriegsgeschichte ist bekannt, dass dieser Fluss, und namentlich dort, wo er überschritten werden musste, langsam in seinen flachen, überall mit Rohr und Schilf bewachsenen Ufern dahin schleicht. In der trockenen Jahreszeit ist er ziemlich seicht, aber breite, morastige Wiesen dehnen sich längs seiner Ufer auf beiden Seiten aus. So lautete die Charakteristik der Beresina anno 1812, und heute nach zwei und sechzig Jahren überzeugt der Augenschein, wie dieselbe nach dem Wortlaute noch zutreffend ist.

Mit bedeutenden Krümmungen windet sich der träge Fluss, höchstens von einer doppelten gewöhnlichen Landstrassen-Breite, durch ein mehrere hundert Fuss breites, sumpfiges Wiesenland, in welchem theilweise das Wasser vorschlägt. Er ist trübe, schlammig und lässt nicht auf den Grund sehen. Die niedrigen Erhebungen des Terrains, welches das nicht bedeutend eingeschnittene Bett dieses — mit dem Rubikon an Berühmtheit wetteifernden — Gewässers cotoyiren, sind abermals vorherrschend mit Wald bedeckt, welcher vielleicht seit dem Kanonendonner von Studenki — ausser dem Geschrei der kreisenden Raubvögel und dem Geheul der Wölfe — selten mehr seine Todtenstille unterbrochen hörte!

Am 26. November 1812, an welchem Tage die retirirende Armee den Uebergang begann, war die Beresina theilweise über ihre niedrigen Ufer getreten, und wälzte, da nach kurzem Thauwetter am 24. wieder Frost gekommen war, Massen von Treibeis daher. Zum Scheine hatte Napoleon bei der kleinen Stadt Borissow (über 5000 Einw.) alle Anstalten, welche auf ein Ueberschreiten des Flusses schliessen liessen, treffen lassen, während bei dem nordwestlich gelegenen Studenki unter unsäglichen Anstrengungen der Pontonniers und des Marine-Corps der Garde zwei Holzbrücken zu Stande gebracht wurden. Das Corps Oudinot, welches zuerst übergegangen war, hatte gleich Gelegenheit, die jenseits der Beresina ihr den Weg verlegende Division Tscheplitz anzugreifen und zurückzuwerfen. Am 27. folgte Napoleon mit der Garde, aber da es den Brücken an Festigkeit gebrach, und durch die öfteren Ausbesserungen stets Hemmungen entstunden, wuchs die Masse der des Uebergangs Harrenden und namentlich des Trosses und Wagenparks immer mehr an. Dazu verbreitete sich die Nachricht, dass Kutusow's Armee im Rücken anmarschire; diese Ereignisse, im Bunde mit der hereinbrechenden finstern Nacht, veranlassten jenes schauderhafte Gedränge, in welchem die Unglücklichen, nur noch den einen Gedanken der möglichen persönlichen Selbsterhaltung im Auge, sich gegenseitig in den Tod stürzten!

Die mörderische Schlacht, mit welcher der Uebergang über die Beresina endigte, hatte der französischen Armee nochmals 10,000 an Todten, Verwundeten durch Feindeshand und Ertrunkenen gekostet, wie auch der ganze Tross mit 20,000 Mann in die Hände der Russen fiel.

An der Beresina spielte der letzte Akt des weltgeschichtlichen Drama's. Wenn auch in fast täglichen kleinen Plänkeleien zwischen den Trümmern der grossen Armee und den nachdrängenden Russen mitunter noch das Gefecht zum Stehen kam, war das Geschick der Franzosen doch mit jenem Uebergange entschieden worden. Von den sämmtlichen Armee-Corps, welche Napoleon über den Niemen geführt hatte, und mit ihnen bis Moskau vorgedrungen war, wälzte sich nach nicht vollen fünf Monaten nur noch eine Musterkarte von etwa vierzigtausend Köpfen daher, von denen mehr als ein Viertheil ohne Waffen war, moralisch und körperlich gebrochen!

Um Mitternacht hält der Zug bei der ziemlich entfernt, rechts auf unbedeutender Höhe liegenden Stadt Minsk (über 36,000 Einw.), wo die Verbindungsbahn nach Wilna, in nordwestlicher Richtung abzweigt.

Von hier an fällt unsere Reise nicht mehr mit der Marschroute der grossen französischen Armee des Jahres 1812 zusammen, da bekanntlich Napoleon von Minsk aus sich bestrebte, mit den gesammelten Resten Litthauen zu erreichen, und sich seiner dort gesammelten Vorräthe zu versichern. Nicht minder ist bekannt, wie auch diese Hoffnung vereitelt worden und der weitere Rückzug über den Niemen die nächste Folge war.

Noch den grössten Theil einer Nacht haben wir vor uns, um die einförmigen Gouvernements von Minsk und Grodno in ihrer Breite zu durchreisen. Die achte Stunde des Morgens erst bringt uns Erlösung, wo wir im Bahnhofe der starken Festung Brest-Litowsk (über 22,000 Einw.), zunächst der vormals polnischen Grenze am Bug gelegen, einen angenehmen, mehrstündigen Aufenthalt gewährt erhalten, bis der Zug nach der Hauptstadt des einstigen Polenreiches abgeht.

Es war, — wie vor Augen liegt, — nicht unsere Absicht, eine zusammenhängende Geschichte (wenn auch in den engsten Umrissen) der zweiten Hälfte des Kriegsjahres 1812 zu geben. Wir versuchten nur, beim Anblicke so vieler historisch gewordener Orte, welche dem grossen europäischen Weltverkehre weit abseits liegend, fast sechs Jahzehende vom Schleier der Vergessenheit bedeckt waren, ebenso angesichts der stummen Zeugen des höchsten Opfermuthes und militärischer Tugenden, wie sie die Geschichte aller Zeiten nur je verzeichnen wird, — an Ort und Stelle der hinübergegangenen Generation, dabei namentlich der 30,000 Bayern, welche in Russland ihren Tod fanden, mit schuldiger Pietät zu gedenken!

VI.

Nach Polen. — Praga. — Warschau. — Polnische Juden. — Kosaken. — Allgemeine Rückblicke. — Schluss.

Finis Poloniae! war Kosciuszko's Ausruf, als er im Treffen bei Maciejowice tödtlich verwundet vom Pferde sank. *Polonia finis* möchten wir anklingend das letzte Capitel unserer Wanderungen im westlichen Russland betiteln, und werden damit für dieses Mal die Feder niederlegen.

Polen, die grösste zusammenhängende Ebene Europa's, ist nichts weniger als von landschaftlicher Schönheit, und besitzt ausser der Hauptstadt nicht mehr als zwei Städte von einiger Bedeutung. Das Interesse, welches sich im Allgemeinen an seinen Namen knüpft, beruht fast ausschliesslich auf seiner Geschichte, und es bleibt eine lohnende Studie, die Glanzperiode, wie auch die Zähigkeit im Zerfallen dieses einst bedeutenden centraleuropäischen Reiches zu verfolgen, welches nach einer ersten und zweiten Theilung in den Jahren 1772 und 1793, noch einer dritten 1795 bedurfte, um in der inneren Zerrüttung und Verwirrung zur weiteren Existenz unfähig geworden, seiner endlichen Auflösung entgegen zu gehen.

Der Friede von Tilsit rief bekanntlich 1807 noch einmal ein ephemeres Grossherzogthum Warschau ins Leben, welches jedoch nach Napoleons Untergang, und in allen seinen Hoffnungen durch ihn bitter getäuscht, im Jahre 1815 auf dem Wiener Congress für immer aus der Reihe der selbstständigen europäischen Staaten gestrichen wurde.

Den Höhepunkt seiner Macht hatte Polen in der Mitte des 16. Jahrhunderts erreicht, wo es mit einem Flächeninhalte von dreizehntausend Quadratmeilen der erste Staat im Osten Europa's geworden, und nebst der jetzigen preussischen Provinz Posen, Westpreussen und Ermeland, Curland, Livland, Litthauen (die jetzigen russischen Gouvernements Wilna und Grodno) u. s. w. in sich vereinigte.

Der dagegen verhältnissmässig geringe Landestheil, in welchem sich der Name dieses untergegangenen Grosstaates noch erhalten hat, fällt mit den Gränzen jenes Gebietes zusammen, welches als Königreich dieses Namens, durch Personal-Union mit dem Reiche seines Herrschers, des Kaisers von Russland, verbunden, — bis in die neuere Zeit bestand. Es zählt gegen 2331 Quadratmeilen mit etwa fünf Millionen Einwohnern, und ist jetzt dem Gesammtstaate einverleibt.

Wessen Erinnerungsvermögen noch auf das Jahr 1830 zurückreicht, gedenkt sicherlich der Zeit, in welcher die zahlreichen polnischen Flüchtlinge auf ihren Reisen durch Deutschland, eine mehr als gastliche Aufnahme fanden. In vielen Städten waren förmliche Einquartirungs-Büreau's errichtet, um den Wetteifer der Gastfreundschaft regeln zu können. Im Triumphe wurden die Polen heimgeführt, bewirthet und für deren Weiterreise reichlich Sorge getragen.

Die beliebten Polenlieder „Denkst du daran“, „Noch ist Polen nicht verloren“, „Die letzten Zehn vom vierten Regiment“, durften bei keiner musikalischen Produktion fehlen, und mussten sich, in alle möglichen Taktformen gezwängt, zu Potpourri's, Märschen und selbst Galoppaden verarbeiten lassen. Man tanzte Mazurka, und bekleidete die Knaben mit der Ulanka!

Die hochgehenden Wogen der Begeisterung haben sich jedoch im Laufe von mehr als vier Decennien vollkommen gelegt, die damals lodernde Flamme der Sympathie verlosch, wohl meistens, von Jahr zu Jahr mehr gedämpft, durch die Erfahrung, das revolutionäre Polen bei allen Insurrektionen des Auslandes betheiligt zu sehen.

Wer aus dem mittleren Russland kommt, wie wir, hat sich an Wald und Wald so zur Genüge satt gesehen, dass schon der, wenn auch nicht malerische, doch durch seine Abwechslung das Auge erfreuende Feldbau der polnischen Ebenen mit einem gelinden Behagen erfüllt. Als Gegensatz zu den letztberührten Gouvernements Mittelrusslands ist es ein hauptsächlich ackerbautreibendes Land, obgleich auch die Waldwirthschaft von grosser Bedeutung ist. Etwa ein Drittel der gesammten Bodenfläche kommt auf Ackerland, ein Drittel auf Wiesen und Weiden, ein Drittel auf Waldung. Durch diese richtige Verhältnisszahl ist sowohl der Bodencultur als der Viehzucht Rechnung getragen und deren Wechselwirkung — die Basis jeder rationell betriebenen Landwirthschaft — in zweckentsprechende Proportion gebracht.

Grosse Heerden Rindvieh, meistens von einem oder zwei berittenen Hirten auf anscheinend wohl trainirten Rossen fleissig umjagt, weidende Pferde, bisweilen in dichten Rudeln, nehmen unsere Aufmerksamkeit um so mehr in Anspruch, als seit mehreren Tagen derartig belebte Landschaften unserm Auge nicht mehr erschienen. So vergeht die etwa fünfstündige Fahrzeit von Brest-Litowsk (auch Litewsk) bis Warschau verhältnissmässig rasch, obgleich längs dieser Strecke keine volkreichen Städte (Terespol, Siedlce) oder pittoreske Veduten den fortwährenden Wechsel von Wiese, Wald und Feld unterbrechen.

Das thurmreiche Warschau hat sich eine prächtige Stelle auf dem linken hohen Ufer der Weichsel ausgewählt, und blickt in der Ausdehnung einer Meile stolz auf die jenseits des hier 1600 Fuss breiten Stromes gelegene Vorstadt Praga herab, welche in den polnischen Unabhängigkeits-Kämpfen so oft genannt worden. Der Bahnhof für die Linien nach Russland, also Wilna und Brest, auf welchem wir ankommen, liegt auf dem rechten Ufer am südöstlichen Ende Praga's, — jener für die Linie Warschau-Wien (auf polnisch Warszawa-Wieden) dagegen jenseits der Stadt auf dem linken Ufer der Weichsel. Eine lange Reihe von Hôtelwägen, mindestens ein halbes Hundert, ist am Bahnhofe aufgefahren. Alle sind in kürzester Zeit besetzt, und jagen der Stadt entgegen, und zwar durch die lange, schnurgrade Hauptstrasse Praga's, welche jedoch durch Barrièren rechts und links so verengt ist, dass ohne das thätige Einschreiten zahlreicher Polizei an kein Durchkommen zu denken wäre.

Es ist nämlich heute Viehmarkt. Die ansehnlich breite Strasse ist in ihrer ganzen Länge, mit Ausnahme des mittleren Fahrweges, mit Rindvieh und Handelsleuten, — letztere unverkennbaren Glaubensbekenntnisses, — Kopf an Kopf, besetzt. Was sich für Genremalerei und Culturstudien hier ausbeuten liesse, lässt sich erst würdigen, soferne man bedenkt, dass wir uns im Centralpunkte Polens befinden, dessen achter Theil der Bevölkerung mosaischen Glaubens ist und sich ausschliesslich vom Zwischenhandel ernährt.

Es ist ein nicht zu beschreibendes Gewirre. Sobald wir den Platz vor dem Bahnhofe hinter uns haben, wird uns klar, warum die Wägen sich so sehr den Vorrang abzugewinnen trachteten. Alle Augenblicke wieder Aufenthalt und Sperrung der Strasse. Im Eifer des Schacherns drängt sich da und dort ein Knäuel von Thier und Menschen über die Barrièren heraus, wobei oft acht bis neun Hebräer an einer einzigen Kuh hängen. Der Polizeimann treibt sie mit erhobenem Stocke wieder zurück, um die Strasse frei zu machen, in Wahrheit die Arbeit des Sisyphus!

Ein unverständliches Gesumme wälzt sich aus allen Häusern, — ausschliesslich Branntweinschenken und kleinen Läden für den Detailverkauf — auf die Strasse, mischt sich dort mit dem rohen Geschrei der tausendköpfigen Menge und dem Brüllen ebenso vieler Thiere. Dazu ein mephitischer Gestank, welcher diese Passage fast unerträglich macht, aber — es führt kein anderer Weg nach Warschau!

Die vereinzelten Exemplare polnischer Juden, an dem fadenscheinigen Talare und den fettgetränkten, schwarzglänzenden Schmalzlocken kenntlich, welche bisweilen sich bis Mitteldeutschland verirren, wegen ihrer Unsauberkeit oft angestaunt, geben uns noch keinen Begriff der äusserlichen Erscheinung, in welcher ihre Glaubensgenossen zu Tausenden den Viehmarkt Praga's beleben. Erstere sind geschniegelte Elegants gegen die grosse Masse, welche sich hier umtreibt, und in ihrem Schmutze, wie der frivol zur Schau getragenen Verlotterung jeder Beschreibung spottet. Abscheu und Ekel überfällt uns in Mitte einer Menschenmenge, deren Haar und Bart weder Scheere noch Kamm kennen gelernt hat, deren bis zur Unanständigkeit lückenhafte Bekleidung vom Ungeziefer strotzen muss und eine die Luft verpestende Ausdünstung um sich verbreitet. Es drängt sich unwillkürlich die Frage auf, ob mit einem drakonisch durchgeführten Verbote der Betheiligung am öffentlichen Handelsgeschäfte für Jeden, welchem der Schacher noch nicht die Anschaffung des für alle Menschen nothwendigsten ersten Kleidungsstückes abgeworfen, der persönlichen Freiheit zu nahe getreten wäre, und ob die zwangsweise Anwendung von Bädern in verdünnter Carbolsäure für solche seifenfeindliche Ebenbilder Gottes vom sanitären Standpunkte aus nicht gerechtfertigt werden könnte?

Die Ghetto's zu Prag und Rom bieten durch ihren charakteristischen Gestank, ihren gassensperrenden Trödel und Quark, ihre triefäugigen Weiber und verwahrlosten Kinder dem Fremden, welchen die Neugierde durchtreibt, viel Widerliches; es kostet immer einige Selbstüberwindung, nicht in der ersten dieser Winkelgassen auch schnell umzukehren; aber ihre Bevölkerung bleibt zurück vor der äusserlichen Verkommenheit, welche die Figuren des Viehmarktes zu Praga mit einer gewissen Behaglichkeit öffentlich zum Besten geben.

Dank dem Kutscher und seinen raschen Polaken, welche uns, trotz der mancherlei Hindernisse, diesem Gewirre entführen, und über die lange, stattliche Gitterbrücke zur Hauptstadt des einstigen Polen bringen. In dem schönen, reinlichen Warschau, welches gleich rechts der Brücke sein imponirend auf der Höhe liegendes, königliches Schloss präsentirt, dessen Park sich herab bis zur Weichsel zieht, vergisst man schnell den üblen Eindruck, welchen Praga in seinem heutigen Gewande uns aufdrängte.

Herrliche breite Strassen, ansehnliche Paläste entwickeln sich, Monumente schmücken die weiten Plätze, Alles trägt das Gepräge einer eleganten, grösseren Stadt, deren Lage viel an die Altstadt Dresdens erinnert, und leicht eine Brühl'sche Terrasse sich schaffen könnte, wie sie die Hauptstadt Sachsens unter ihren vielen Schönheiten zählt. Einer der grossartigsten Punkte Warschau's ist wohl der zehn Morgen grosse sächsische Platz, mit einem Obelisk zu Ehren der 1830 treugebliebenen Polen. An denselben stösst der sächsische Garten, ein vom Könige August II. (Churfürsten von Sachsen) angelegter öffentlicher Spaziergang, in einem Umfange von 30 Morgen, der für eine der schönsten derartigen Anlagen in Europa gehalten wird. Nebst diesem sorgt noch der grosse Krassinski'sche Garten und der erst 1867 eröffnete Konstantin'sche Square für das Bedürfniss des Publikums. Alle drei Gärten sind mit Springbrunnen, die beiden älteren auch mit Mineralwasser-Anstalten versehen.

Durch den reichen Adel, welcher in Warschau viele Palais besitzt, durch die zahlreiche höhere Beamtenwelt und starke Garnison ist ein elegantes Treiben auf den Strassen wahrzunehmen, am lebhaftesten auf und nahe dem Platze Sigismunds III., mit dem ehernen Standbilde dieses Königs geschmückt, wo man auch die schönste Aussicht auf das königliche Schloss und die grossartige neue eiserne Gitterbrücke über die Weichsel hat.

Letztere wurde mit einem Kostenaufwande von sechs Millionen Rubeln erbaut, und als „Alexandersbrücke“ im Jahre 1865 eröffnet.

Gleich unterhalb derselben, zwischen Schlossgarten und Weichsel, hart am Strome, gewahrt man gemauerte Baracken, eine als Soutien für die nahe Schlosswache sehr glücklich angelegte Caserne der Kosaken.

Das Wort „Kosak“ bedeutet nicht, wie vielfach irrig angenommen wird, eine nur der russischen Armee eigenthümliche Spezies von Lanzenreitern, sondern ist der Collectiv-Name für die Völker der südlichen und östlichen Gebiete, der Ukraine u. s. w.

Die zahlreichsten sind die donischen Kosaken, nach der neuen Organisation der Armee in 66 Cavallerie-Regimenter und 14 Batterien formirt.

Alle gehören zur irregulären Armee, mit Ausnahme der beiden Garde-Regimenter (das „Leibgarde-Kosaken-Regiment“ und das „Leibgarde-Atamannische Regiment“).

Sie werden abwechselnd und theilweise zum Dienste einberufen, und sind dann in Polen, Finnland, um Wilna, Kiew und Odessa stationirt.

Die Kuban'schen Kosaken zählen 28 Cavallerie-Regimenter, 11 Infanterie-Bataillone und 5 reitende Batterien.

Auch diese gehören zur irregulären Armee, mit Ausnahme der beiden „Kuban'schen Leibgarde-Kosakenescadronen“, welche mit der „Terskischen Leibgarde-Kosakenescadron“ den „Convoi des Kaisers“ bilden.

Die übrigen Kosaken, nämlich die Astrachan'schen, Orenburg'schen, Ural'schen, Sibirischen, Semirätschenschen, Transbaikal'schen, Amur'schen, Irkutskischen, Jeneseischen, Kamschatkischen, — ausschliesslich zum Grenz- und inneren Dienste bestimmt, bilden zusammen 50 Cavallerie-Regimenter, 7 reitende Batterien und 23 Infanterie-Bataillone.

Die in Europa im Wechsel zusammengezogenen Kosaken-Truppen betragen nicht über 10,000 Mann.

Der Kosake ist geboren zum Campagne-Reiter und Eclaireur, in welcher Verwendung er auch Ausgezeichnetes leistet und jeder Anforderung entspricht.

Wir konnten uns nicht versagen, die kleine Strecke von der Weichselbrücke nach den Baracken, wo einige Sotnien (die Bezeichnung für geschlossene Abtheilungen von hundert Pferden) caserniren mögen, zurückzulegen. Ein Theil der Mannschaft war beschäftigt, im vorüberfliessenden Strome die Pferde zu tränken und schwemmen; es war höchst unterhaltend, die Gewandtheit der Einzelnen zu verfolgen, mit welcher sie, sich auf die kleinen Rosse schwingend, in fortgesetzten Courbetten, sattel- und bügellos, nach dem Stalle zurückkehrten.

Da und dort stand im Hofe ein einzelnes Pferd angehängt, neben ihm sein Herr, Wärter und Freund zutraulich am Boden liegend, ein Bild treuer Kameradschaft. Vielleicht träumten sie sich beide nach der Steppe zurück, an die Ufer des Don, oder zu den fetten Weiden des Chersonesos, wenn nicht ihre stumm ausgetauschten Blicke vielleicht nach noch weiteren Fernen, nach Ural und den Gestaden der Caspischen See, — Heimathssehnsucht aussprechen wollten! Es ist nicht zu läugnen, dass eine gewisse Poesie über solche kleine Gruppen ausgegossen ist, wo Mann und Ross, unterm gleichen Himmelsstriche geboren und erstarkt, im fernen Lande sich Freunde bleiben für Leben und Tod!

Auch die Steppe mit ihren hochhalmigen Gräsern und Rispen, ihrem eigenthümlichen Blumenflor und ihrer andersgearteten Fauna, über welche träumerische Mondnacht herabglänzt und nie gestörte Einsamkeit sich lagert, hat ihre zur Poesie stimmenden Motive, so gut als die Alpen der Steiermark und das Thal von Vaucluse Von der Steppe haben Lenau's Haidebilder und Polenlieder ihre duftenden Blüthen gepflückt, von solchen bleichen Nachtbildern oder mondbestrahlten endlosen Flächen ihre tiefe Trauer entlehnt.

Es ist sicherlich unbegründet, wenn die Liebe zur und Sehnsucht nach der Heimath den Söhnen der Berge, dem Steirer, Tiroler, Schweizer und Savoyarden vorzugsweise zugeschrieben wird. Das Gemüth des Autochthonen sieht mit anderen Augen, als jenen des Fremdlings, und die ausschliessliche Glorificirung der Gebirgswelt ist — entgegen den Anschauungen der Schriftsteller des Alterthums — eine veränderte Geschmacksrichtung der neueren Zeit.

Mit dem Verlassen Warschau's hat man wohl das Sehenswertheste, was Polen zu bieten vermag, hinter sich. Die weitere Fahrt in der Richtung nach Wien, auf welcher man nur die Städte Petrikau und Czenstochau berührt, ist von wenig Interesse. Bisweilen zeigt sich ein stattlicher Edelsitz, mit grossen eingezäunten Wildparks, deren geweihtragende Bewohner, an die vorüberfliegende Lokomotive schon gewöhnt, in behaglicher Ruhe ihr nachschauen. Die südlichen Bezirke Polens, durch welche unser Weg führt, sind mehr der Kultur des Bodens zugänglich gemacht, während jenen des Nordens die zusammenhängenden grossen Waldflächen zukommen, in welchen zahlreiches Raubwild, der Bär, Wolf und Luchs Schutz findet.

Die Dörfer nehmen sichtlich an Wohlstand und gutem äussern Ansehen zu, je mehr wir uns der deutschen und mährischen Grenze nähern. In allen kleinen Städten Polens scheinen Truppen, namentlich Infanterie, zu stehen. Oefter fuhren wir an ausmarschirenden und keimkehrenden Abtheilungen, bis zur Stärke eines Bataillons, vorüber, die Mannschaft stets in voller Feldausrüstung.

Bei Szczakowa betritt man den österreichischen Boden. Die russische Grenzbehörde auf dem Bahnhofe verlangt den Pass des das Reich verlassenden Passagieres, und giebt ihn zurück, nachdem ein mit längerer Inschrift versehener und angeklebter Zettel davon losgetrennt und zurückbehalten worden. (Auf unserem Passe war beispielsweise ein derartiger bei der Abmeldung in Petersburg angefügt worden, und enthält solcher wahrscheinlich die Bewilligung, dass man ungehindert die Grenze wieder passiren dürfe.)

Eine Zeit von drei bis vier Wochen gestattet, Vieles des Neuen und Schönen zu schauen, mancherlei Eindrücke in sich aufzunehmen, hervorragende Bilder sich einzuprägen. Diese in flüchtigen Contouren wiederzugeben, ist ein Versuch, welcher wenigstens nicht in das Gebiet des Unmöglichen sich versteigt.

Anders jedoch erscheint das Unternehmen, auf Grund einer Reise, wenn auch in der Dauer von drei bis vier Monaten, ein Reich, ein Volk in seinem ganzen Nationalcharakter, in seinen religiösen Anschauungen, seinen staatlichen Verhältnissen, seiner politischen Stellung zum übrigen Europa, endgültig aburtheilen zu wollen, wesshalb es auch erklärlich ist, dass seiner

Zeit das oben bereits einmal erwähnte Werk Custine's: „Russland im Jahre 1839 (3 Bände, 1843), welches vielfältig über das Ziel hinausschoss, Erwiederungen, wie jene von Grimm und Gretsch hervorrufen, und ebenso in der Entgegnung Yakolef's eine unbarmherzige Abfertigung erfahren musste.

Um des platten Landes willen wird Niemand das westliche Russland aufsuchen, aber Jeder wird es gerne in Kauf nehmen, um durch den Anblick der beiden Hauptstädte sich belohnt zu sehen, in Petersburg die glänzendste Hauptstadt Europa's im Geschmacke der Neuzeit, in Moskau die Residenz der altrussischen Dynasten im buntfarbigen Schmucke des Orients, kennen zu lernen.

Wie durch ein mit jedem Jahre sich mehr verzweigendes Eisenbahnnetz, so wird auch dem Ausländer durch humane Verordnungen jetzt der Eintritt in das Reich, gegen früher, sehr erleichtert. Wer die Vorbedingungen zum Uebertritte der Grenze und zum Aufenthalte im Innern durch einen von einer russischen Gesandtschaft im Auslande visirten Pass erfüllt hat, lebt in Russland so unangefochten, wie irgendwo. Bei der Ankunft in Petersburg ist die persönliche Vorstellung bei der Polizei-Behörde innerhalb der ersten vierundzwanzig Stunden geboten. Die kaiserlichen Gesandtschaften im Auslande haben die Aufmerksamkeit, von dieser Bestimmung dem Empfänger des Passes mittelst eines Abdruckes des betreffenden Paragraphen, mithin rechtzeitig, Kenntniss zu geben.

In Petersburg wurde uns bei der Präsentation des Passes, ohne spezielles Nachsuchen, die Aufenthaltsbewilligung sofort auf sechs Monate ertheilt. Beim Uebernachten in irgend einer Stadt ist die jedesmalige

Einsendung des Passes alsbald nach der Ankunft an die Polizei-Behörde geboten. Wenn auch der Ausländer im deutschen Reiche dieser Formalität enthoben ist, so fügt man sich doch unschwer einer Bestimmung, deren Spitze nicht sowohl gegen harmlose Reisende, als gegen politische und sozialdemokratische Agitatoren gerichtet sein dürfte. Zudem ist die Behandlung von Seite der Beamten im Allgemeinen eine so höfliche, oft zuvorkommende, dass die Unterwerfung unter die stramm aufrecht erhaltenen Verordnungen sehr erleichtert wird.

Wie man im fremden Klima, sei es im tiefen Süden oder im Norden, nicht besser thun kann, als um gesund zu bleiben, sich in Kleidung, Speise und Trank nach den Gewohnheiten der Einwohner zu richten, so empfiehlt sich nicht minder, im Thun und Lassen sein Benehmen der Landessitte thunlichst anzupassen. In Russland werden Gespräche politischen und religiösen Inhalts herkömmlich nirgends geführt, und diese löbliche Sitte schützt vor möglichen Unannehmlichkeiten.

Sofern in Russland die Berufsklassen noch strenge abgegrenzt sind, und die Stände sich schärfer unterscheiden, als in den übrigen Ländern Europa's, ist auch das System der Arbeitstheilung in festeren Rayons aufrecht erhalten, und es bleibt somit folgerichtig das Regieren ausschliesslich der Regierung überlassen.

Was dem Ausländer auf russischem Boden anfänglich am auffallendsten erscheinen muss, sind die äusserlicheu Förmlichkeiten des griechischen Ritus, das vielfältige Bekreuzen, die wiederholten Verbeugungen vor jeder offenen Kirchpforte, wie auch in der

Kirche das Küssen des Bodens und der auf den Altären unter Glas eingelassenen Reliquien, zu deren Verehrung sich schon die auf dem Arme der Mütter getragenen Kinder mit ausgestreckten Händchen gewissermassen drängen.

So streng jedoch der Russe auf diese Gebräuche seiner Kirche hält, so wenig artet seine Frömmigkeit in Intoleranz gegen Andersgläubige aus, indem Niemandem einfällt, von dem Fremden die Nachahmung dieser äusseren Formen zu verlangen.

Weder in Petersburg, noch in den von Wallfahrern wimmelnden Kathedralkirchen des Kremls zu Moskau, wird ihm der Besuch des Gotteshauses hiedurch erschwert, sowenig Jemand versucht, ihm das Umhergehen und Betrachten der aufgehäuften Schätze, selbst während des Gottesdienstes, zu verwehren.

Ueber die wohlwollenden Absichten und die erleuchtete Regierung des jetzigen Kaisers, Alexander II., herrscht unter den Deutschen nur eine Stimme. Die gleiche Anschauung soll unter den einzelnen Stämmen des russischen Volkes eingewurzelt sein. Eine flüchtige Aufzählung der Gesetze der letzten Jahrzehende, welche alle das Gepräge der unverkennbarsten Humanität an sich tragen, würde uns zu weit führen. Wo die Bestrebungen, im Gebiete des Unterrichts, des Handels, der Industrie, der Technik etc. etc. den westeuropäischen Staaten schneller zu folgen, weniger rasch die vollendete Thatsache krönt, da sind sicher stets riesige Hindernisse zu überwinden, deren mächtigste die übergrossen Entfernungen und die dünne Bevölkerung sind.

Mit diesen beiden Faktoren lässt sich schwerer rechnen, als mit finanziellen Rücksichten.

Was in Russland fehlt, sind vor allem — Einwohner. Wenn statt der 80 Millionen Seelen, welche sich auf 380,000 Quadratmeilen spärlich vertheilen, deren 800 sein würden, dürfte sich die stolze Hoffnung der russischen Nation noch schneller verwirklichen, nämlich ihre innig gehegte Ueberzeugung: „*La Russie est le pays de l'avenir!*“

MIX
Papier | Fördert gute Waldnutzung
FSC® C083411

Zeitfracht Medien GmbH
Ferdinand-Jühlke-Straße 7
99095 Erfurt, Deutschland
produktsicherheit@kolibri360.de